Hotelfachschule Heidelberg

Kurt Wolf

Band 1
Kosten- und Leistungsrechnung
für die Hotellerie und Gastronomie

©Kurt Wolf, Hofa-Akademie Heidelberg
Herstellung und Verlag: BoD - Books on Demand, Norderstedt
ISBN: 9783741265198

17. Auflage 2016

Alle Rechte – auch der auszugsweise Wiedergabe – vorbehalten. Ohne ausdrückliche Genehmigung der Autoren ist es nicht gestattet, das Buch oder Teile daraus in irgendeiner Form durch Fotokopie, Mikrofilm, Einspeicherung und Bearbeitung in elektronischen Systemen oder ein anderes *Verfahren zu vervielfältigen oder zu verbreiten.*

Gliederung

	Seite
1 Aufgaben der Kosten- und Leistungsrechnung	4
2 Grundlagen der Kosten- und Leistungsrechnung	6
2.1 Der Kostenbegriff	6
2.2 Spezielle Kostenbegriffe	7
3 Kostenartenrechnung	9
3.1 Aufgaben der Kostenartenrechnung	9
3.2 Kostenarten	9
3.2.1 Gliederung der Kostenarten	9
3.2.2 Gliederung nach verbrauchten Kosten	9
3.2.3 Gliederung nach Zurechenbarkeit	12
3.3 Kosteneinflussfaktoren	13
3.3.1 Änderung der Produktionsbedingungen	13
3.3.2 Änderung des Produktionsprogrammes	13
3.3.3 Änderung der Faktorpreise	13
3.3.4 Änderung der Beschäftigung	14
3.4 Kosteneinteilung und Kostenverhalten unter dem Einfluss der Beschäftigung	15
3.4.1 Fixe und variable Kosten	15
3.4.2 Die Gesamtkostenkurve und ihre kritischen Punkte	17
3.4.3 Kritik an der bisherigen Darstellung	19
3.4.4 Lineare Kosten- und Erlösfunktionen	20
3.5 Elastizität der Kosten in Bezug auf Änderungen des Beschäftigungsgrades	20
3.6 Das Phänomen der Kostenremanenz	22
4 Kostenstellenrechnung	23
4.1 Begriffe und Aufgaben der Kostenstellenrechnung	23
4.2 Kostenstellenrechnung im gastgewerblichen Betrieb	25
5 Kostenträgerrechnung	31

5.1 Begriffe der Kostenträgerrechnung ... 31

5.2 Verfahren der Kostenträgerrechnung ... 32

5.3 Die Kostenträgerzeitrechnung ... 32

5.4 Die Kostenträgerstückrechnung ... 35

6 Teilkostenrechnung ... 44

6.1 Die Deckungsbeitragsrechnung ... 44

6.2 Entscheidungssituationen für die Teilkostenrechnung ... 46

6.3 Grenzen der Deckungsbeitragsrechnung ... 47

7 Budgetierung ... 49

7.1 Begriff der Budgetierung ... 49

7.2 Gründe für die Budgetierung ... 49

7.3 Planung der Kosten und Erlöse ... 50

7.4 Kostenauflösung ... 55

7.5 Erstellung und Kontrolle des Budgets ... 57

7.6 Abweichungsanalyse ... 59

8 The Uniform System of Accounts for the Lodging Industry ... 60

8.1 Grundlagen ... 60

8.2 Formular für die Gesamtbereichsrechnung ... 61

8.3 Formular für die technische Abteilung ... 62

8.4 Umsatzbereich Beherbergung ... 62

8.5 Umsatzbereich Speisen und Getränke ... 63

8.6 Zahlenbeispiel Umsatzbereich Speisen und Getränke ... 64

1 Aufgaben der Kosten- und Leistungsrechnung

Der Gesamterfolg eines Hotel- und Gaststättenbetriebes kann mit Hilfe der Finanzbuchführung (Geschäftsbuchführung) durch regelmäßige Gegenüberstellung der Aufwendungen und Erträge einer Rechnungsperiode ermittelt werden. Die Gewinn- und Verlustrechnung (GuV) ermöglicht über den Betriebsvergleich eine Beurteilung der Aufwands- und Ertragsentwicklung des Gesamtunternehmens.

In den Aufwendungen und Erträgen können Beträge enthalten sein, die mit dem eigentlichen Zweck des Hotel- und Gaststättenbetriebes nicht direkt in Zusammenhang stehen. Deshalb lassen sich aus der GuV keine Aussagen zur Wirtschaftlichkeit und Produktivität einzelner Leistungsbereiche (Küche, Restaurant, Beherbergung) machen. Diese Informationen sind aber für die Kontrolle und Steuerung des gastgewerblichen Unternehmens von entscheidender Bedeutung. Neben der Finanzbuchführung ist daher die Kosten- und Leistungsrechnung (Betriebsbuchführung) erforderlich.

Die Finanzbuchführung unterliegt vor allem wegen des Gläubigerschutzes und der gleichmäßigen Steuererhebung gesetzlichen Vorschriften (z. B. HGB, EStG). In der Kosten- und Leistungsrechnung besteht Gestaltungsfreiheit. Gesetzliche Vorschriften sind grundsätzlich nicht zu beachten.

Die Hauptaufgaben des Hotels- und Gaststättenbetriebes sind

- Erzeugnisse zu fertigen (z.B. Speisen) → Fertigungsfunktion
- Getränken bereitzustellen → Handels- und Sortimentsfunktion
- Dienstleistungen zu produzieren (z.B. Gästezimmer bereitstellen) → Dienstleistungsfunktion

Dazu müssen Güter und Leistungen

- beschafft (Beschaffungsfunktion)
- be- und verarbeitet (Fertigungsfunktion) und
- abgesetzt (Absatzfunktion)

werden. Sie verlassen den Betrieb wertvoller, auch wenn das Äquivalent für diesen Wert manchmal nicht gezahlt wird, weil der Bedarf zurückgegangen ist oder die Konkurrenz preiswerter anbietet kann.

In der Regel wird ein Betrieb nur dann produzieren, wenn

- Bedarf vorhanden ist und
- die Ausbringung (Output) nach Vorausschätzungen höherwertiger sein wird als der Einsatz (Input).

Bei Veräußerung fließt das Entgelt in den Betrieb zurück und kann zur erneuten Beschaffung von Produktionsfaktoren verwendet werden. Denn erst die Einnahmen sichern den Arbeitsplatz, festigen die Stellung des Unternehmens im Absatzmarkt, aber auch im Beschaffungsmarkt. Die Einnahmen ermöglichen die Einstellung neuer Arbeitskräfte, die Beschaffung von Rohstoffen und die Verzinsung des Kapitals.

So durchlaufen den Betrieb entgegen gesetzte Ströme, nämlich

- der Güterstrom - von der Beschaffung zum Absatz - und
- der Geldstrom - vom Absatz zur Beschaffung -

Der Güterstrom beginnt mit der Beschaffung der Produktionsfaktoren, der Geldstrom mit den Einnahmen.

Aufgaben der Kosten- und Leistungsrechnung
- Erfassung der Kosten nach Kostenarten
- Verteilung der Kosten auf die Kostenstellen
- Zurechnung der Kosten auf die Kostenträger
- Ermittlung der Wirtschaftlichkeit
- Kontrolle der Wirtschaftlichkeit
- Ermittlung und Kontrolle der Preise
- Kontrolle des leistungsbezogenen Erfolges
- Planung der Beschaffung, der Produktion und des Absatzes
- Erfolgsplanung

2 Grundlagen der Kosten- und Leistungsrechnung

2.1 Der Kostenbegriff

Der Kostenbegriff ist ein zentraler Begriff der Betriebswirtschaftslehre. Ihm werden zur Definition vier Merkmale zugrunde gelegt:

> (1) **Güterverzehr**
> (2) **Leistungsbezogenheit**
> (3) **Bewertung des Güterverzehrs**
> (4) **Normalcharakter (Regelmäßigkeit)**

zu (1) Güterverzehr

Unter Güterverzehr verstehen wir den mengenmäßigen Ge-/Verbrauch von Sachgütern (Verbrauch z.B. von Werkstoffen und Gebrauch z.B. von Betriebsmitteln) und Dienstleistungen (z.B. von Transportleistungen).

Der Mengenverzehr betrifft die gesamten Produktionsfaktoren wie Werk-, Hilfs- und Betriebsstoffe, Betriebsmittel, Rechte, verzehrfähigen Boden, Arbeits- und Dienstleistungen, Unternehmerleistungen und Arbeitsleistungen.

Der Güterverzehr wird bei abnutzbaren Gebrauchsgütern über die Abschreibung anteilmäßig erfasst, während er bei Verbrauchsgütern aufgrund von Materialentnahmen und/oder Inventuren ermittelt wird. Dienstleistungen werden in der Regel nach der Zeit oder der Art des Gutes festgestellt. Der erzwungene Güterverzehr (z.B. Diebstahl, Katastrophen) wird in den Wagniskosten erfasst.

zu (2) Leistungsbezogenheit

Kosten entstehen nur dann, wenn der Güterverzehr im Zusammenhang mit dem Sachziel des gastgewerblichen Unternehmens steht, d.h. wenn durch die Leistung des Unternehmens ein Beitrag zur Befriedigung menschlicher Bedürfnisse durch die Kombination von Produktionsfaktoren erbracht wird.

Zu den Leistungen zählen:
- unmittelbar am Markt verwertete Dienst- und Warenleistungen, z.B. Getränke-, Speisen- und Zimmerverkauf
- Bestände an unfertigen und fertigen Erzeugnissen, z.B. Fertiggerichte
- innerbetriebliche Leistungen, z.B. Dekorationen der Floristenabteilung

zu (3) Bewertung

Es gibt keine einheitliche Bewertungsregel. Generell werden in der Kostenrechnung alle Arten von Werten bzw. Preise aller Arten angesetzt, wobei diese Werte (un-)mittelbar von den bestehenden Marktpreisen abgeleitet sein können, z.B.

- Anschaffungspreise (z.B. für Küchenmaschinen)
- Tagespreise (z.B. für Frischgemüse)
- Wiederbeschaffungspreise (z.B. für Hotelcomputer)
- usw.

Kostenwerte erfüllen zweierlei Funktion

➤ Verrechnungsfunktion: Verschiedene Güterarten (z.B. Waren und Arbeitsleistungen) werden durch die Bewertung in gleichartig gemacht.

➤ Lenkungsfunktion: Wirtschaftsgüter sollen ihrer günstigen Verwendungsmöglichkeit zugeführt werden.

zu (4) Normalcharakter
Normalcharakter hat der Regelverbrauch, der bei der betrieblichen Leistungserstellung im Durchschnitt einer längeren Periode und unter den üblichen Produktionsbedingungen entsteht.

Das Kriterium ist "betriebsnotwendig". Abzugrenzen ist

➤ Güterverzehr, der nicht der betrieblichen Leistungserstellung dient, sowie

➤ alles Einmalige und nur Zufällige, selbst wenn es betriebsbedingt ist.

2.2 Spezielle Kostenbegriffe

Die Kosten stehen im engen Zusammenhang mit den Rechnungsgrößen, Auszahlungen, Ausgaben und Aufwand und auf der anderen Seite mit den Begriffen Einzahlung, Einnahme, Ertrag und Leistung.

Auszahlung Einzahlung	sind Zahlungsvorgänge, die liquide Mittel berühren (Bargeld, Sichtguthaben)
Ausgabe	Auszahlungen + Forderungsabgang + Schuldenzugang
Einnahme	Einzahlungen + Forderungszugang + Schuldenabgang
Aufwand	auf die Periode des Verbrauchs zugerechnete Ausgaben
Ertrag	der in Geld bewertete Wertzugang einer Periode
Kosten	s.o.
Leistung	in Geld bewertete Güter und Dienste einer bestimmten Periode, die durch die Produktion entstehen

Zur Definition von Liquidität, Rentabilität, Wirtschaftlichkeit und Produktivität können die speziellen Kostenbegriffe verwendet werden. Dabei werden für die Berechnung der Liquidität die Wertgrößen Auszahlung/ Ausgabe und Einzahlung/Einnahme herangezogen. Die Rentabilität wird mit Hilfe des Gewinns als Differenz zwischen Ertrag und Aufwand berechnet, z.B. *Eigenkapital-Rentabilität = (Gewinn * 100) : Eigenkapital*. Die Wirtschaftlichkeit ergibt sich aus dem Verhältnis von Leistungen und Kosten. Die Produktivität dagegen ist die mengenmäßige Relation von Input zu Output.

Die beiden Schaubilder zeigen die Zusammenhänge!

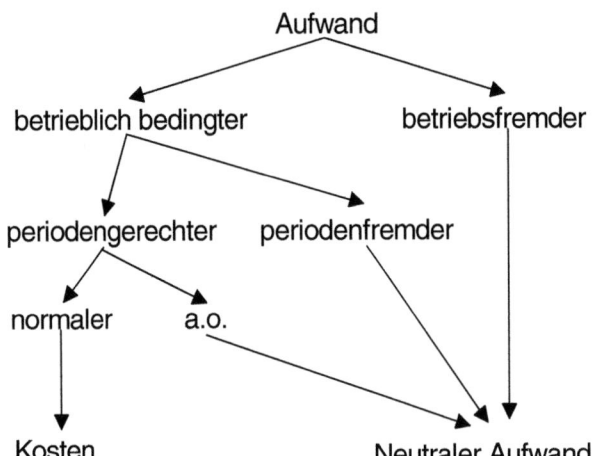

Aufwand			
Neutraler Aufwand	Zweckaufwand		
	Grundkosten	Zusatzkosten	
	Kosten		

3 Kostenartenrechnung

3.1 Aufgaben der Kostenartenrechnung

Die Aufgaben der Kostenartenrechnung bestehen in

- ➢ Erfassung ⎫
- ➢ Gliederung ⎬ der verbrauchten Kostengüter während der Leistungserstellung und -verwertung
- ➢ Bewertung ⎭

Sie sucht Antworten auf folgende Fragen:

1. **Welche Kosten sind entstanden?**
2. **In welcher Höhe sind die einzelnen Kostenarten in der Periode angefallen?**

Die Kostenartenrechnung dient als Entscheidungsgrundlage zur Kostenbeeinflussung. Die Kostenarten einer Periode werden mit denen vorangegangener Perioden oder mit den geplanten Kostenarten (Budgetierung) verglichen. Es kann auch ein Vergleich mit den Kostenarten der Mitbewerber erfolgen (z.B. Wareneinsatz im Küchenbereich).

3.2 Kostenarten

3.2.1 Gliederung der Kostenarten

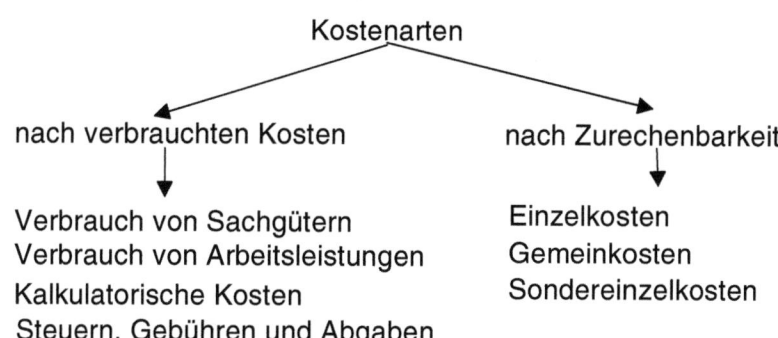

3.2.2 Gliederung nach verbrauchten Kosten

a. Verbrauch bzw. Gebrauch von Sachgütern

- ⇨ Materialkosten: Fertigungsmaterial (= Werk- od. Rohstoffe, z.B. Fleisch oder Fisch), Hilfsstoffe (z.B. Gewürze, Fleischbrühe) und Betriebsstoffe (z.B. Fett, Energie).
- ⇨ Abschreibung auf Gebäude, Maschinen (z.B. Küchenmaschinen, Zapfanlage), Werkzeuge (z.B. Küchenmesser) und Geschäftsausstattung (z.B. Bestuhlung, Büroeinrichtung).

Methoden der Verbrauchsermittlung

- ⇨ direkt über Lagerkartei und Materialentnahmeschein (Skontrationsmethode)

⇨ indirekt über Bestandsrechnung: AB + Zug - EB = Verbrauch (Inventurmethode)
⇨ Rückrechnung des Materialverbrauchs über die verkauften Produkte in der Regel im Küchen- oder Barbereich über Rezepturen z.B.:

```
Verbrauch = Anzahl der verkauften Gerichte · Verbrauchsmengen lt. Rezeptur
```

(retrograde Methode)

Bewertung
Anschaffungspreis, Börsenpreis, Tagespreis, Normal- oder Verrechnungspreis

b. Verbrauch von Arbeitsleistungen
Der Verbrauch von Arbeitsleistungen wird in Personalkosten, wie Löhnen, Gehältern, Provisionen, Boni, Tantiemen und den gesamten Sozialabgaben gemessen.

- ⇨ Fertigungslöhne
- ⇨ Gemeinkostenlöhne (Urlaubs- u. Feiertagslöhne)
- ⇨ Gehälter
- ⇨ Sozialkosten
- ⇨ Sonstige (Zeitungsanzeigen, Vorstellungskosten)

c) Kalkulatorische Kosten
Die kalkulatorischen Kosten sind der Werteverzehr, der in der Kostenrechnung gemäß dem tatsächlichen Verbrauch von Gütern und Diensten mit Durchschnittswerten anzusetzen ist, um Zufälligkeiten als Störfaktoren des inner- und zwischenbetrieblichen Vergleichs auszuschalten.

Bilanzmäßige Abschreibungen, Zinsen für Fremdkapital und Wagnisverluste in tatsächlicher Höhe werden in der Finanzbuchhaltung als Aufwand erfasst und mindern den Gewinn.

Übersicht

Bilanz	Kostenrechnung
bilanzmäßige Abschreibung	Kalkulatorische (verbrauchsbedingte) Abschreibung
angefallene Fremdkapitalzinsen	kalkulatorische Zinsen
Eingetretene Wagnisverluste	kalkulatorische Wagnisse
kein Ansatz bei Einzelunternehmen, Personengesellschaft	kalkulatorischer Unternehmerlohn

Kalkulatorische Kosten beeinflussen die KLR, sie dürfen jedoch den Gewinn nicht beeinträchtigen (Doppelverrechnung: bilanzmäßige u. kalkulatorische). Gegenkonto: neutrale Erträge

Kalkulatorische Abschreibungen
Während die bilanzmäßige Abschreibung der nominalen Kapitalerhaltung dient, soll durch die kalkulatorische Abschreibung die substanzielle erreicht werden. Deshalb wird in der Regel vom Wiederbeschaffungswert ausgegangen, um den tatsächlichen Werteverzehr der Anlagegüter zu erfassen.

Kalkulatorische Zinsen

Das betrieblich gebundene Eigenkapital verursacht zwar keine Zinszahlungen, unterliegt aber einem Nutzenentgang in der Weise, dass es bei einer anderen Anlageform eine Rendite erzielen könnte. Diese Kosten nennen wir Opportunitätskosten.

Berechnung der kalkulatorischen Zinsen

$$\text{kalkulatorische Zinsen} = \frac{\text{betriebsnotwendiges Kapital} \cdot \text{Zinsfuß}}{100}$$

Berechnung des betriebsnotwendigen Kapitals

Summe der kalkulatorischen Restwerte des betriebsnotwendigen Anlagevermögens
+ Summe des durchschnittlich gebundenen betriebsnotwendigen Umlaufvermögens
- Abzugskapital (zinslos überlassenes Fremdkapital)
= betriebsnotwendiges Kapital

Welcher Zinsfuß soll verwendet werden?

- ⇨ Zinsfuß entsprechend der landesüblichen Verzinsung für langfristige risikoreiche Kredite
- ⇨ Branchenspezifische Zinssätze, die von den Fachverbänden bekannt gegeben werden.
- ⇨ LSP-Zinsfuß aus den Leitsätzen für die Preisermittlung auf der Grundlage von Selbstkosten. (LSP = Leitsätze für die Preisermittlung auf Grund der Selbstkosten)

Kalkulatorische Wagnisse

Ausgangspunkt für die Berechnung der kalkulatorischen Wagnisse sind die durchschnittlich eingetretenen Wagnisverluste eines längeren Zeitraumes. Für die Einzelwagnisse werden relevante Bezugsgrößen gewählt. Die tatsächlich eingetretenen Verluste der letzten Jahre an Roh-, Hilfs- und Betriebsstoffen werden auf den Gesamtverbrauch des gleichen Zeitraumes bezogen. Daraus ergibt sich ein Prozentsatz für den Wagniszuschlag.

Mit Hilfe dieses Prozentsatzes werden die eingetretenen Wagnisverluste gleichmäßig auf mehrere Abrechnungsperioden verteilt (Normalcharakter). Dabei geht es um Einzelwagnis, die nicht durch Fremdversicherung gedeckt sind. Das allgemeine Unternehmerwagnis soll durch den Gewinn abgedeckt werden.

Wagnisse

Allgemeines Unternehmer-wagnis	Einzelwagnisse				
• Gesamtwirtschaftliche Entwicklungen • Nachfrageänderungen • Geldentwertung • Technischer Fortschritt • Konkurrenzentwicklung	Bestände	Anlagen	Fertigung	Vertrieb	Gewähr-leistung
Gewinn	Fremdversicherung		Eigenversicherung		

Kalkulatorischer Unternehmerlohn

Vorstände und Geschäftsführer von Kapitalgesellschaften (z. B. AG, GmbH) erhalten für ihre Tätigkeit eine Vergütung, die in die Kostenrechnung einfließt. Die Leistungen der Einzelunternehmer und der mitarbeitenden Gesellschaftern in Personengesellschaften werden im Gewinn abgegolten. Mit der Verrechnung des kalkulatorischen Unternehmerlohns wird eine Tätigkeitsvergütung in die Kosten- und Leistungsrechnung übernommen und eine Vergleichbarkeit mit den Kapitalgesellschaften erreicht.

Bemessen wir der kalkulatorische Unternehmerlohn grundsätzlich nach dem durchschnittlichen Gehalt eines leitenden Angestellten in unternehmerähnlicher Position in einem vergleichbaren Betrieb.

d) Steuern, Gebühren und Abgaben

- ⇨ gewinnabhängige Steuern, z.B. KSt, ESt, GewESt.
- ⇨ Besitzsteuern, z.B. GrundSt
- ⇨ Verkehrssteuern, z.B. USt als durchlaufender Posten, Grunderwerbssteuer gehört zu den Anschaffungskosten und ist aktivierungspflichtig.

Wirkung der Steuern ist vom Zweck der Kostenrechnung abhängig

- ⇨ für die Preiskalkulation: Gewerbeertragsteuer = Kostenbestandteil
- ⇨ ESt und KSt = aus Gewinn zu decken
- ⇨ für die Betriebskontrolle: ohne Bedeutung, da vom Kostenstellenleiter nur beeinflussbare Kosten berücksichtigt werden.

3.2.3 Gliederung nach Zurechenbarkeit

- ⇨ Einzelkosten sind Kosten, die direkt auf Kostenträger verrechnet werden können, z.B. Wareneinsatz in der Küche, Bedienungsprovision.

- ⇨ Gemeinkosten sind Kosten, die sich nicht unmittelbar auf einen bestimmten Kostenträger verrechnen lassen, z.B. Gehälter des Küchenpersonals, Strom, Abschreibungen, Heizung, Reinigung, Versicherung.

  = indirekte Kosten
  Die Verteilung der Kosten erfolgt über Schlüsselung im Rahmen des Betriebsabrechnungsbogens (BAB).

- ⇨ Sondereinzelkosten sind solche Kosten, die für bestimmte Aufträge anfallen. Sie sind im Rahmen dieser Aufträge dem Produkt direkt zurechenbar, z.B. Dekoration für Hochzeitsbüffet, Transportkosten für Partyservice.

3.3 Kosteneinflussfaktoren

3.3.1 Änderung der Produktionsbedingungen

Die Produktionsbedingungen können durch die Änderungen der Faktorqualitäten beeinflusst werden. Im Einzelnen kann ein

- a) Austausch von Mitarbeitern: Ersatz von Angelernten durch Fachkräfte
- b) Austausch von Betriebsmitteln: Einsatz moderner Küchengeräte
- c) Austausch von Fertigungsmaterial: Ersatz von Dosengemüse durch Frischgemüse vorgenommen werden.

Die Geschäftsleitung hat die Aufgabe, die Produktions- und Arbeitsbedingungen ständig zu verbessern, damit die Produktionsfaktoren optimal eingesetzt werden können.

3.3.2 Änderung des Produktionsprogrammes

Fragestellung
Welche Veränderungen des Kostenniveaus bedingen eine notwendige oder zweckmäßige Änderung des Fertigungsprogramms?

Das Produktionsprogramm umfasst die verschiedenen Erzeugnisse, die das gastgewerbliche Unternehmen während einer Periode herstellen wird.

Gründe für die Änderung des Programms:

- ⇨ Verminderung des Produktionsprogramms wegen unzureichender Nachfrage, enttäuschter Rentabilitätserwartungen, z.B. kleinere Speisekarte oder/und Änderung der Öffnungszeiten

- ⇨ Austausch von Erzeugnissen wegen Attraktivität der Produktpalette, z.B. überregionale Biere statt regionaler

- ⇨ Vermehrung der Erzeugnisarten aus beschäftigungspolitischen Gründen, z.B. Partyservice

3.3.3 Änderung der Faktorpreise

Preiserhöhungen bei den Produktionsfaktoren sind heute der Normalfall.

Reaktionsmöglichkeiten
- ⇨ alternative Substitution: Ersatz von Fachkräften durch Hilfskräfte oder Aushilfen, Service durch Selfservice
- ⇨ Nachfrageverhalten im Beschaffungssektor: gemeinsamer Einkauf, Einkaufskooperationen

3.3.4 Änderung der Beschäftigung

<u>Begriffserklärungen</u>

Kapazität = technisches Produktions- und Leistungsvermögen eines Betriebes in einem Zeitabschnitt

- ⇨ maximale K: technische Größe; größtmögliches Leistungsvermögen, z.B. 100%ige Zimmerauslastung

- ⇨ optimale K: normale Beanspruchung von Mensch und Maschine, z.B. 80%ige Zimmerauslastung

- ⇨ minimale K: Kaffeemaschine ist auf eine bestimmte Mindestliterzahl ausgelegt.

```
Beschäftigung = tatsächlich in Anspruch genommene Kapazität
```

$$\text{Beschäftigungsgrad} = \frac{\text{erreichte Kapazität} \cdot 100}{\text{höchstmögliche Kapazität}}$$

Der Beschäftigungsgrad, der auf Dauer betrachtet der Optimalbeschäftigung entspricht, liegt nach empirischen Untersuchungen je nach betrieblichen Verhältnissen zwischen 70 und 80%.

<u>Anpassung an Beschäftigungsschwankungen</u>

a) zeitliche Anpassung

- ⇨ bei Unterbeschäftigung: Überstunden abfeiern und Freitage in Anspruch nehmen; keine Aushilfen einsetzen

- ⇨ bei Überbeschäftigung : Überstunden leisten; Aushilfen einsetzen

b) quantitative Anpassung

- ⇨ bei Unterbeschäftigung: Etage im Hotel stilllegen; Strandpavillon schließen; Mitarbeiter freisetzen

- ⇨ bei Überbeschäftigung: Neueinstellung; Betriebserweiterung

c) intensitätsmäßige Anpassung

- ⇨ bei Unterbeschäftigung: Mitarbeiter arbeitet langsamer, d.h. streckt die Arbeit

- ⇨ bei Überbeschäftigung: Mitarbeiter arbeitet schneller

d) selektive Anpassung

- ⇨ bei Unterbeschäftigung: Entlassung von Mitarbeitern entsprechend der Qualifikation, der Einsatzbereitschaft oder des Krankenstandes

- ⇨ bei Überbeschäftigung: zusätzliche Leistungsanreize für motivierbare Mitarbeiter geben

3.4 Kosteneinteilung und Kostenverhalten unter dem Einfluss der Beschäftigung

3.4.1 Fixe und variable Kosten

⇨ Fixe Kosten und ihre Bedeutung

Fixe Kosten sind Kosten der vorhandenen Kapazität, Kosten der Betriebsbereitschaft. Sie fallen grundsätzlich zeitabhängig und unabhängig von der Höhe der Ausbringung konstant an, d.h. der Beschäftigungsgrad eines Unternehmens ist auf die Höhe der fixen Kosten ohne Einfluss, z.B. Zinsen auf das Fremdkapital, Versicherungsprämie, Abschreibungen, Miete etc.

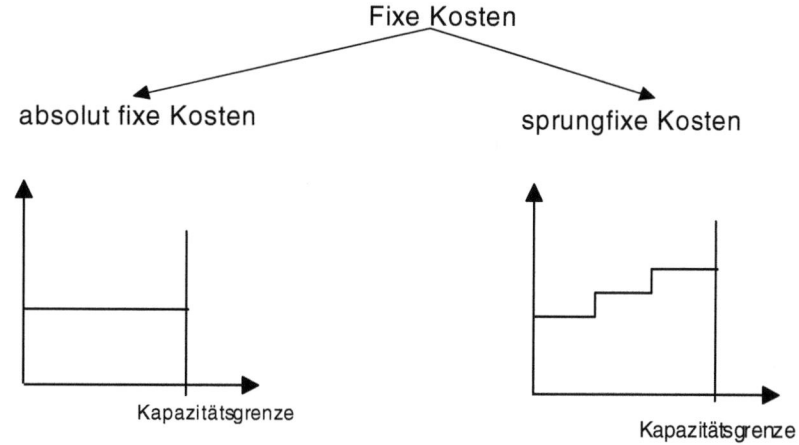

Intervallfixe Kosten bleiben nur innerhalb eines Ausbringungsintervalls konstant, das kleiner ist als das insgesamt mögliche Kapazitätsintervall, z.B. Beschäftigungsrückgang oder -zunahme werden Arbeitnehmer entlassen bzw. eingestellt

Variable Kosten sind vom Beschäftigungsgrad abhängig, sie variieren mit dem Beschäftigungsgrad. Je nach ihrem Verhalten unterscheidet man:

Proportionale variable Gesamtkosten - Konstante variable Stückkosten
Einige Kostenarten wie Rohstoffverbrauch, Fertigungslöhne ändern sich im gleichen Verhältnis wie der Beschäftigungsgrad, z.B. in der Gastronomie: Wareneinsatz, Bedienungsgeld.

Solche Kosten nennt man proportionale variable Kosten. Bezogen auf das einzelne Stück ergeben sich konstante (= gleichbleibende) variable Kosten.

variable Gesamtkosten (Kv)	Ausbringung	variable Stückkosten (kv)
15,00	1	15,00
30,00	2	15,00
45,00	3	15,00
60,00	4	15,00
75,00	5	15,00
90,00	6	15,00

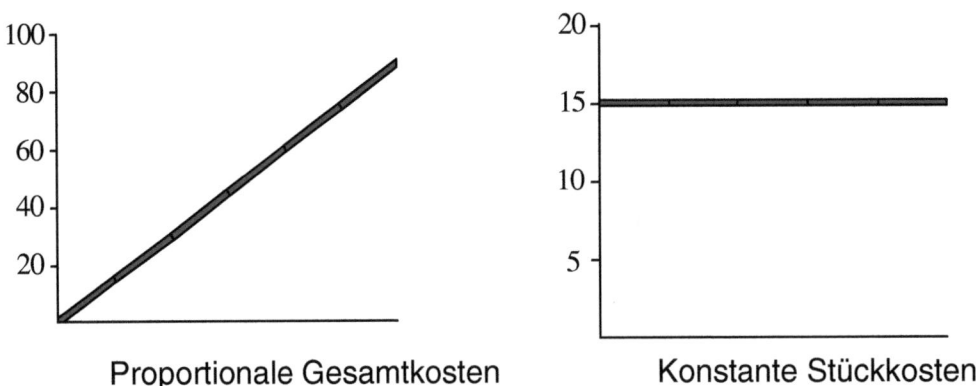

Proportionale Gesamtkosten · Konstante Stückkosten

Überproportionale variable Gesamtkosten - Progressive variable Stückkosten

Ein Teil der variablen Kosten - z.B. Überstundenzuschläge, Reparatur- und Wartungskosten für Maschinen, Produktionsausschuss steigt bei wachsender Beschäftigung überproportional, d.h. sie steigen rascher als der Beschäftigungsgrad.

Auf ein Erzeugnis bezogen ergeben überproportionale Gesamtkosten progressive variable Stückkosten.

variable Gesamtkosten (Kv)	Ausbringung	variable Stückkosten (kv)
15,00	1	15,00
40,00	2	20,00
78,00	3	26,00
132,00	4	33,00
205,00	5	41,00
300,00	6	50,00

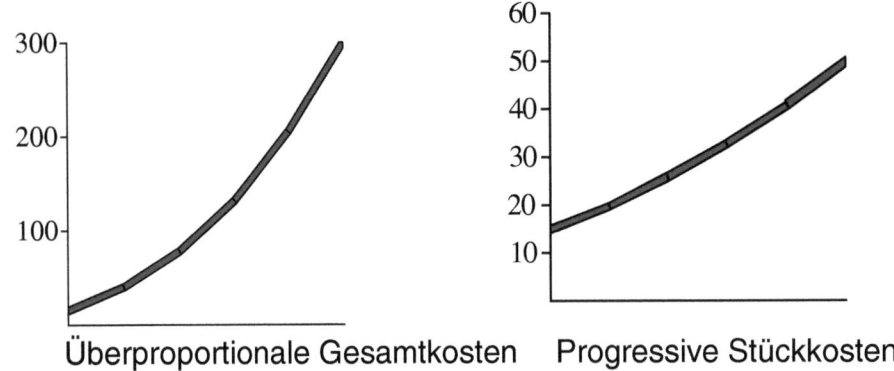

Überproportionale Gesamtkosten · Progressive Stückkosten

Unterproportionale variable Gesamtkosten - Degressive variable Stückkosten

Steigt der Beschäftigungsgrad, so steigen manche Kosten nicht im gleichen Umfang mit (unterproportionale Kostenentwicklung) z. B. Kosten für Rohstoffe bei Nutzung von Mengenrabatten, günstigere Frachtkosten bei großen Anlieferungen. Solche unterproportionale variable Gesamtkosten führen bei den variablen Stückkosten zu einem degressiven Verlauf, wenn auch nicht in dem Maße wie bei den fixen Kosten pro Stück, z.B. 1 Ei benötigt zum Kochen 8 min. 100 Eier ?

variable Gesamtkosten (Kv)	Ausbringung	variable Stückkosten (kv)
22,00	1	22,00
39,00	2	19,50
52,50	3	17,50
64,00	4	16,00
75,00	5	15,00
87,00	6	14,50

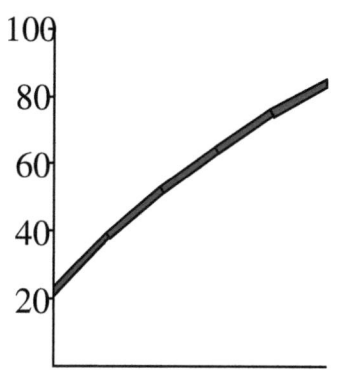

Unterproportionale Gesamtkosten

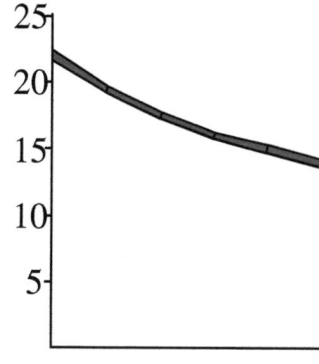

Degressiven Stückkosten

3.4.2 Die Gesamtkostenkurve und ihre kritischen Punkte

Kostenanalyse bei s-förmigem Gesamtkostenverlauf

Von einer Unterbeschäftigungssituation ausgehend nimmt die Auslastung zu. Die Gesamtkosten steigen zunächst unterproportional, weil die Produktivität z.B. durch den Lerneffekt und/ oder durch die bessere Ausnutzung von Geräten und Maschinen (Geschirrspülmaschine) steigt.

Bei weiter zunehmender Auslastung folgt eine Phase, in der die Kosten sich proportional entwickeln (gleiche variable Stückkosten). Die jeweilige Bereitstellung eines weiteren Zimmers verursacht die gleichen variablen Kosten (z.B. 9,00 bis 10,00).

Wenn die Beschäftigung dann noch weiter zunimmt und sich der maximalen Auslastung nähert, steigen die Kosten wegen Überbeanspruchung von Maschinen, Einrichtungen und Menschen progressiv. Gründe: zusätzliche Arbeitsplätze, Überstunden, Lohnzuschläge für erhöhte Leistungen, Mehrschichtarbeit

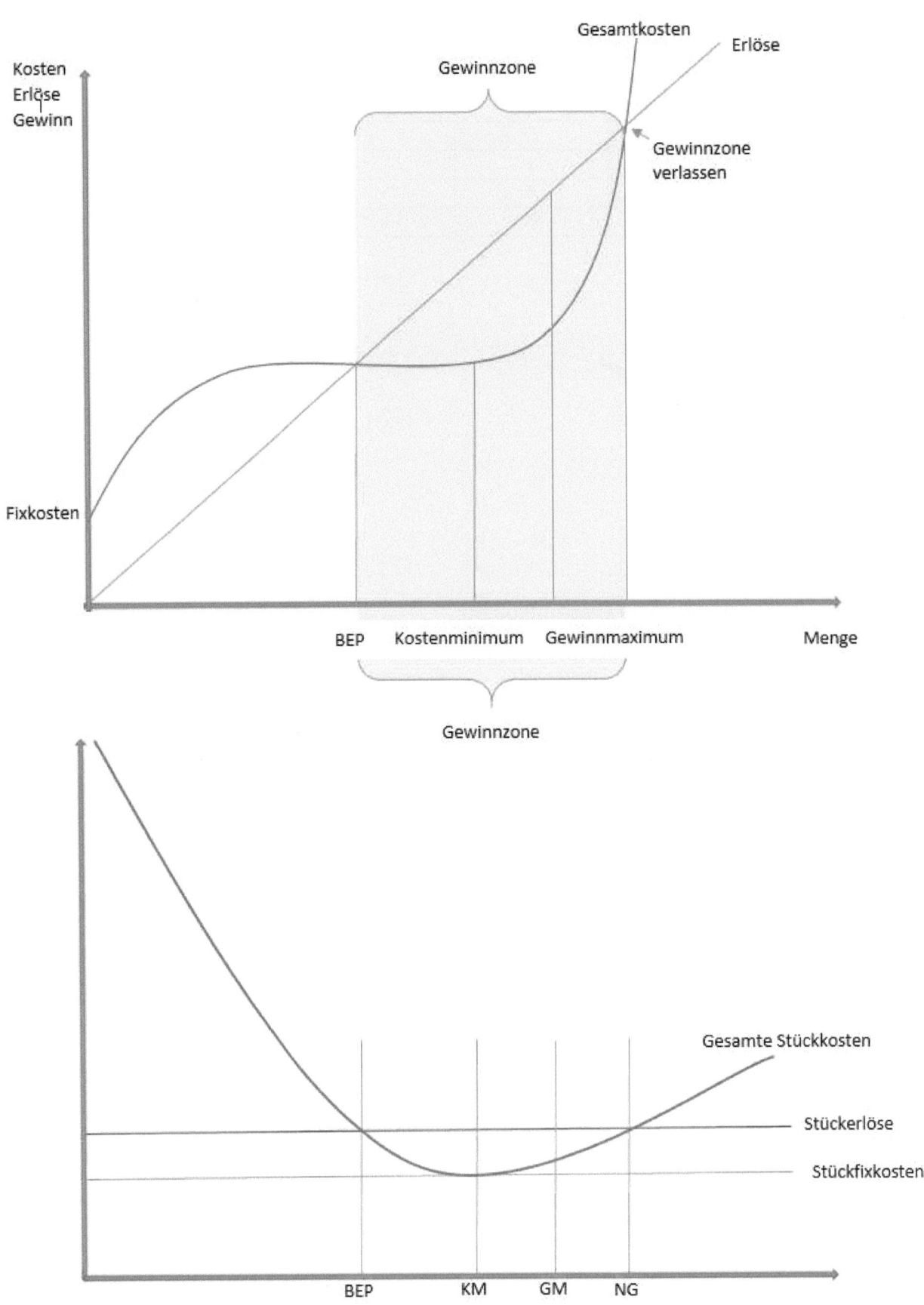

Das Betriebsoptimum (optimaler Kostenpunkt) liegt dort, wo die Stückkosten am niedrigsten sind (Stückkostenminimum). Da die Stückkosten k(x) = K(x)/x sind, lautet die mathematische Bedingung für ein Minimum k'(x) = 0 und k''(x) > 0. Erläuterung: Wenn die erste Ableitung einer Funktion 0 ist und die zweite Ableitung > 0, liegt ein Minimum vor, d.h. die Funktion hat einen Tiefpunkt.

Das Gewinnmaximum liegt da, wo der Gesamtgewinn des Hotel-Restaurants am größten ist. Dazu benötigen wir die Grenzkostenbetrachtung. Die Grenzkosten geben an, um wie viel die Gesamtkosten zunehmen, wenn die Ausbringung (Beschäftigung) um einen sehr kleinen (streng genommen infinitesimalen) Betrag vermehrt wird. In der gastgewerblichen Praxis muss die Beschäftigung um eine Einheit (z.B. 1 Menü, 1 Zimmer, 1 Getränk) zunehmen.

Der Gewinn wird mit folgender Gleichung (Gewinnfunktion) ermittelt:

$$G(x) = E(x) - K(x)$$

Der maximale Gewinn im Unternehmen wird erreicht, wenn der Abstand zwischen den Gesamtkosten und den Erlösen am größten ist. Das ist mathematisch im Hochpunkt der Gewinnfunktion. Ein Hochpunkt liegt vor, wenn die erste Ableitung der Gewinnfunktion Null und die zweite Ableitung kleiner als Null ist. Dies ist dann der Fall, wenn der Grenzerlös gleich den Grenzkosten ist. Der Erlös bei dem zusätzlichen Verkauf eines Stammessens beträgt 7,50 . Die dadurch entstehende n Kosten ebenfalls 7,50 . Daraus folgt, dass im Bereich "Stamm- essen" durch den zusätzlichen Verkauf der Gewinn nicht mehr zunimmt.

Anzahl der Essen	Stück-erlös	Differenz-kosten/St.	Stück-gewinn	Gesamt-gewinn	Gewinn-zuwachs
100	7,50	6,60	0,90	90,00	
plus 1	7,50	6,90	0,60	90,60	0,60
plus 1	7,50	7,20	0,30	90,90	0,30
plus 1	7,50	7,50	0,00	90,90	0,00
plus 1	7,50	7,80	-0,30	90,60	-0,30

Der Normalfall ist, dass Betriebsoptimum und Gewinnmaximum nicht übereinstimmen. Da in unserem Wirtschaftssystem die Gewinnmaximierung gegenüber der wirtschaftlichen Produkterstellung den Vorrang hat, wird grundsätzlich die gewinnmaximale Beschäftigung angestrebt.

3.4.3 Kritik an der bisherigen Darstellung

a) In der Praxis gibt es keine einheitliche Kapazität, sondern viele Teilkapazitäten. Das Problem ist die Abstimmung der Teilkapazitäten (Engpassfaktor) aufeinander. Beispiele für Engpässe: Personal, Geräte, Herstellungsmaterialien

b) Das Modell beschränkt sich auf den Einproduktbetrieb.

c) Der s-förmige Gesamtkostenverlauf kann empirisch nicht eindeutig nachgewiesen werden. In der Fachliteratur wird dem linearen Gesamtkostenverlauf der Vorzug gegeben. Die Darstellung erfolgte trotzdem, weil beim linearen Verlauf nicht alle kritischen Punkte anschaulich gemacht werden können.

d) Die Beschränkung auf die Kosteneinflussgröße "Beschäftigung" (idealtypischer Betrieb) vernachlässigt die anderen Einflussfaktoren.

3.4.4 Lineare Kosten- und Erlösfunktionen

Aufgrund der Kritik beschränken wir uns auf die linearen Kosten- und Erlösfunktionen.

Die lineare Kostenfunktion K(x) hat allgemein die Form

$$K(x) = K_v(x) + K_f$$

$$\text{wobei } K_v(x) = k_v \cdot x \text{ ist.}$$

Die Erlösfunktion sieht folgendermaßen aus:

$$E(x) = e \cdot x$$

wobei e den Stückerlös angibt.

Da die Kosten- und Erlösgerade maximal einen Schnittpunkt haben kann, existiert nur die Nutzenschwelle. Nutzengrenze und Gewinnmaximum liegen an der Kapazitätsgrenze.

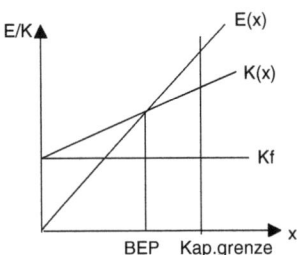

3.5 Elastizität der Kosten in Bezug auf Änderungen des Beschäftigungsgrades

Frage: Wie reagieren die Kosten bei Beschäftigungsschwankungen?

Diese Frage ist nur zu beantworten, wenn das Verhältnis von fixen zu variablen Kosten bekannt ist. Im Hotel geht man von einem hohen Fixkostenblock (Betriebsbereitschaft) aus, während man im Restaurant eher hohe variable Kosten (Wareneinsatz) hat.

Ist der Fixkostenanteil hoch, dann reagieren die Kosten kaum auf Beschäftigungsschwankungen. Der Betrieb kann also auf Auslastungsrückgänge kaum reagieren. Sind dagegen hohe variable Kosten gegeben, dann hat dies größere Auswirkungen auf die Kostensituation, weil diese Kosten sich nur durch die zunehmende oder abnehmende Auslastung verändern.

Diese Abhängigkeit der Kosten von der Auslastung eines Betriebes kann in der Kennziffer: Elastizitätskoeffizient oder Reagibilitätsgrad ausgedrückt werden.

Aussage:

> Reagibilitätsgrad gibt an, um wie viel Prozent sich die Kosten ändern, wenn sich die Beschäftigung um 1 % ändert.

In einer Formel ausgedrückt bedeutet dies:

$$RG = \frac{\text{relative (prozentuale) Kostenänderung}}{\text{relative (prozentuale) Mengenänderung}} = \frac{\frac{dK}{K}}{\frac{dx}{x}}$$

Reagibilitätsgrad kann nur dann ermittelt werden, wenn zwei Beschäftigungssituationen und die dazugehörigen Kosten gegeben sind. (Kostenverhalten beim Übergang)

r = 1 : Kosten und Beschäftigung verändern sich proportional,
z.B. Wareneinsätze

r > 1 : Kosten steigen bei wachsender Beschäftigung progressiv,
z.B. Überstundenlöhne

r < 1 : Kosten steigen bei wachsender Beschäftigung degressiv, z.B.
die Küchenproduktion steigt um 35%, während der Wareneinsatz um 25% steigt (Grund: Mengenrabatte).

z. B. r = 0,4, d. h. eine Beschäftigungsänderung um 1% bewirkt eine Kostenänderung um

Reagibilitätsgrad gibt an, um wie viel Prozent sich die
Kosten ändern, wenn sich die Beschäftigung um 1 % ändert.
0,4%

Ein einheitlicher Reagibilitätsgrad gilt nur für lineare Funktionen.

Bei nicht linearen Kostenkurven muss die Kurve in kleine annähernd lineare Abschnitte zerlegt werden. Für jeden Abschnitt wird ein besonderes r ermittelt.
Aus dem Reagibilitätsgrad lässt sich unmittelbar der fixe und variable Kostenanteil an den Gesamtkosten der Ausgangssituation ablesen:

z.B. r = 0,3 (30 % variable Kosten / 70 % fixe Kosten)
(Variator = Verschiebung der Dezimalstelle: Kostenänderung bei 10 % Beschäftigungsänderung)

Beispiel:
Ein 80-Zimmer-Hotel ist ganzjährig geöffnet. Es entstanden bei zwei Beschäftigungssituationen folgende Gesamtkosten:
60%   700.800,00
65%   715.400,00 .

Berechnen Sie den Reagibilitätsgrad und interpretieren Sie das Ergebnis!

3.6 Das Phänomen der Kostenremanenz

Das Phänomen, dass bei expansiver Beschäftigungsentwicklung entstehende zusätzliche variable, bzw. sprungfixe Kosten bei rückläufiger Beschäftigung nicht ohne weiteres wegfallen, wird als Kostenremanenz bezeichnet.

Ursachen der Kostenremanenz				
Nichtbeeinflussbare Ursachen			Beeinflussbare Ursachen	
Gesetzliche Vorschriften	**Vertragliche Bindungen**	**Besonderheiten der Fertigung**	**Betriebspolitische Erwägungen**	**Psychologische Ursachen**
Kündigungsfristen	Arbeitsverträge	Fertigungsart, z.B. Losgröße	Erhaltung besonders qualifizierter Mitarbeiterbeiter z. B. "Sternekoch"	Innerer Widerstand gegen Umstellungen, z.B. Einführung neuer Software
Tarifverträge	Zusage sozialer Leistungen	Fertigungsverfahren, z. B. Kaffeemaschine	Soziale Gründe	Strecken der Arbeit bei rückläufiger Beschäftigung

4 Kostenstellenrechnung

4.1 Begriffe und Aufgaben der Kostenstellenrechnung

Situation

Der gelernte Koch Hans Pauli hat bereits vor Jahren mit der Fertigung und dem Verkauf von regionalen Spezialitäten begonnen. Heute fertigt er überwiegend Brezeln und Dampfnudeln, die er in eigenen Verkaufsstellen (Verkaufsstände in Fußgängerzonen) und an Kioske verkauft. Zur Herstellung dieser Produkte hat er einen Zentralbetrieb in Heidelberg errichtet, der aus folgenden Bereichen besteht:

    (1) Zentrallager für die Roh-, Hilfs- und Betriebsstoffe
    (2) Handelswarenbeschaffung und -verkauf
    (3) Abteilung für die Teigherstellung
    (4) Küche für die Fertigung der Dampfnudeln
    (5) Versuchsküche
    (6) Bäckerei für die Herstellung der Brezeln
    (7) Fuhrpark
    (8) Verwaltung

Zusätzlich hat er in der Umgebung insgesamt 200 Verkaufsstände.

Nach einer sachlichen Abgrenzung sind folgende Kostenarten feststellbar:

Wareneinsätze für Brezeln	60000,00
Wareneinsätze für Dampfnudeln	75400,00
Personalaufwendungen	905110,00
Abschreibungen	85573,50
Mieten/Pachten	183372,00
Instandhaltung	81965,50
Energieaufwand	240000,00
Steuern, Gebühren	169065,00
Kfz-Kosten	93725,00
Haushaltsaufwendungen	385695,00
Büro- und Werbekosten	239060,00
Kalk. Unternehmerlohn	52000,00
Kalk. Zinsen	44000,00
Kalk. Wagnisse	16000,00

Pauli möchte wissen, wie viel ihn eine Brezel bzw. eine Dampfnudel kostet!

Die Verteilung der Kosten auf die beiden Produkte ist nur teilweise möglich, z.B. Wareneinsätze Brezel und Dampfnudel. Die Personalaufwendungen oder auch die Abschreibungen sind nicht ohne weiteres zuordenbar. Wir müssen deshalb über den Produktionsort einen Weg finden, die Kosten auf die Produkte zuzurechnen. Wir nennen diese Vorgehensweise Kostenstellenrechnung. Ziel der Kostenstellenrechnung ist die Ermittlung von Zuschlagssätzen für die Kalkulation nach dem Vollkostenprinzip für die vom Betrieb erstellten Leistungen sowie die Kontrolle der Wirtschaftlichkeit der betrieblichen Teilbereiche (z.B. Küche, Beherbergung). Dazu müssen die Kostenarten verursachungsgerecht (Verursachungsprinzip) dem Kostenträger zugerechnet werden. Die Kosten, die nicht direkt zurechenbar sind, werden über die Kostenstellen dem Kostenträger zugerechnet.
Die folgende Übersicht zeigt die Zusammenhänge:

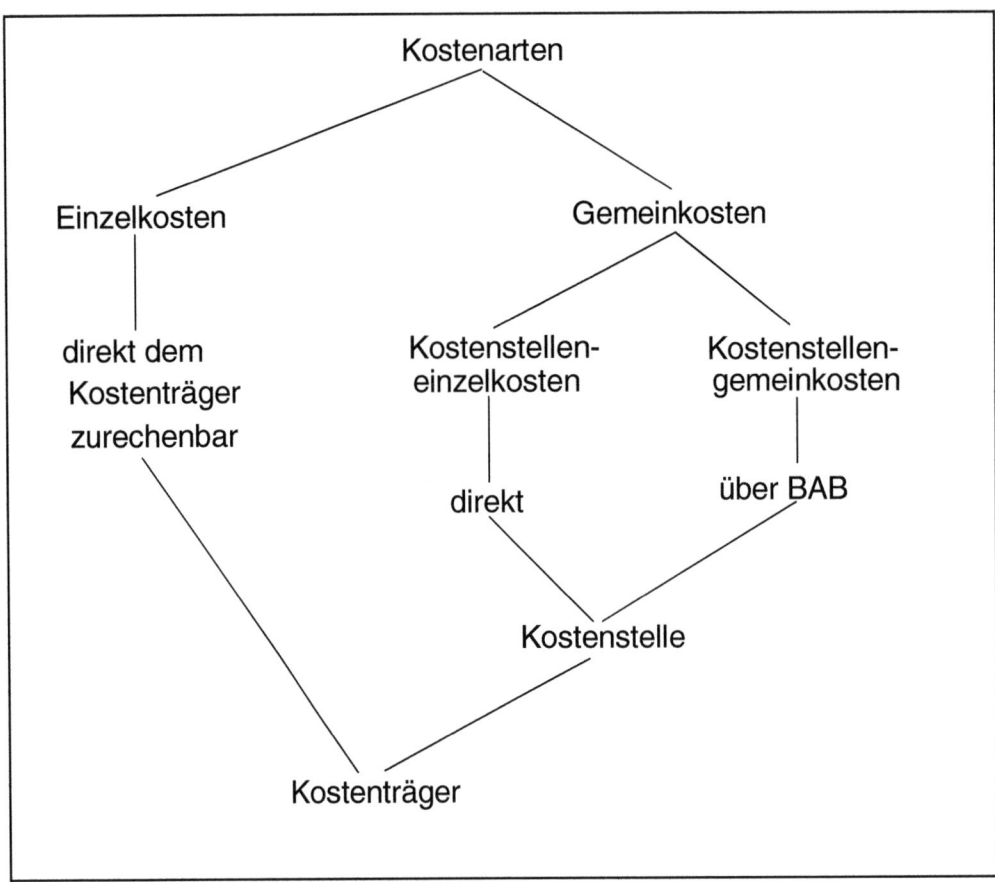

Die Aufgaben der Kostenstellenrechnung bestehen damit in der

(1) Kostenverteilung
- Umlage der Kostenträgergemeinkosten auf die Kostenstellen, der Kostenstelleneinzel- kosten anhand von Belegen, der Kostenstellengemeinkosten mit Hilfe von Schlüsseln.
- Umlage der Vorkostenstellen auf die Endkostenstellen
- Innerbetriebliche Leistungsverrechnung, z.B. Personalessen für Empfangsmitarbeiter

(2) Ermittlung von Kalkulationszuschlägen zur Preisbestimmung

(3) Ermittlung von Kostenüber- und Kostenunterdeckungen

(4) Wirtschaftlichkeitskontrolle
- durch Zeitvergleiche, z.B. Januar 01 zu Januar 02
- durch Soll-Ist-Vergleiche, z.B. Budgetanschläge zu tatsächlichen Kosten
- mit Hilfe von Kennzahlen, z.B. produzierte Hauptgerichte pro Koch

4.2 Kostenstellenrechnung im gastgewerblichen Betrieb

Die Kostenstellenrechnung soll anhand von Fragen erläutert werden.

1. Frage:
Was sind Kostenstellen?

Kostenstellen = Teilbereiche des Unternehmens, in denen die Kosten entstehen. Betriebsabteilungen bilden in der Regel Kostenstellen (z.B. Küche).

Die Kostenstelle ist damit:
- Ort der Kostenentstehung und
- betrieblicher Teilbereich, der kostenrechnerisch selbständig abgerechnet wird.

2. Frage:
Nach welchen Gesichtspunkten können Kostenstellen gebildet werden?

Prinzipien der Kostenstellenbildung

→ nach den Räumlichkeiten, z.B. französisches Restaurant, Restaurant im Strandpavillon, Bauernstube

→ nach der Funktion, z.B. Einkauf, Lagerung, Produktion (z.B. Küchen, Beherbergung), Verkauf (z.B. Rezeption, Sales-Abteilung)

→ nach Verantwortungsbereichen, z.B. Tagungs- und Bankettabteilung

Kostenstellen können aus organisatorischer und abrechnungstechnischer Sicht zu KOSTENSTELLENBEREICHEN zusammengefasst oder in einzelne KOSTENPLÄTZE weiter untergliedert werden.

Ergänzen Sie das vorstehende Schema mit Beispielen aus dem Gastgewerbe!

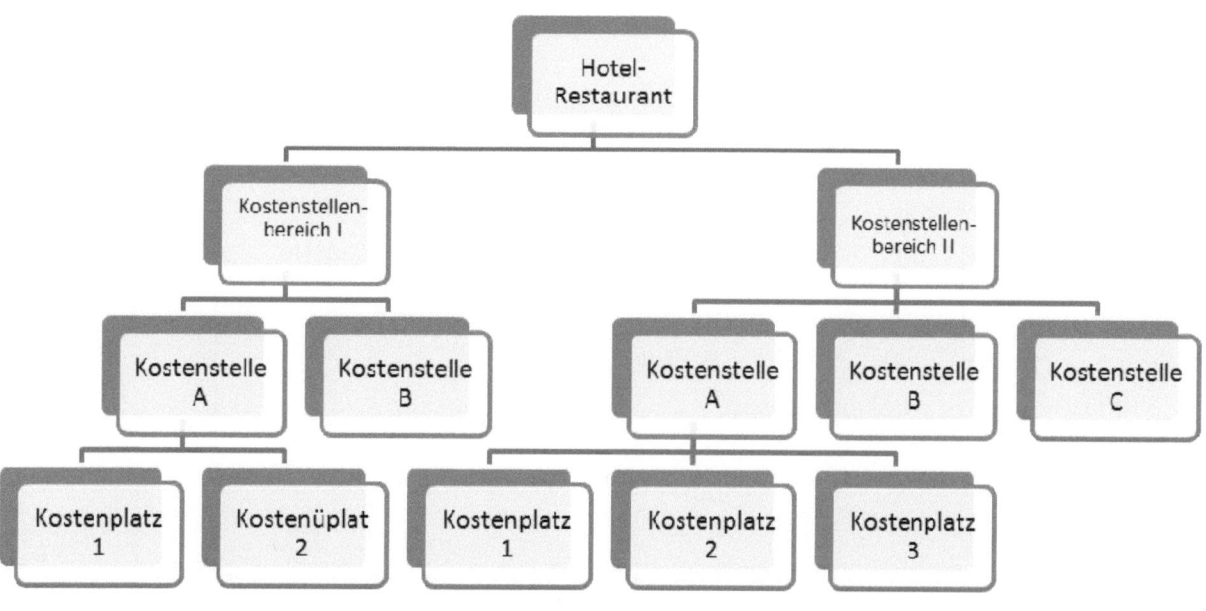

3. Frage:
Welche Arten von Kostenstellen gibt es?

(1) ALLGEMEINE KOSTENSTELLEN

> Kostenstellen, die dem Gesamtbetrieb dienen bzw. ihre Leistungen an alle anderen Kostenstellen abgeben.
> Beispiele: Gebäude, Personalbeherbergung und -verpflegung, Heizung, Wäscherei, Telefonanlage, Fuhrpark, Werkstatt

(2) HILFSKOSTENSTELLEN

> Sie dienen nicht direkt der Leistungserstellung, sondern unterstützen die jeweilige Hauptkostenstelle.
> Beispiele: Topfspüle, Geschirrspüle, Toiletten, Versuchsküche, Wäscherei

(3) NEBENKOSTENSTELLEN

> Sie dienen der Produktion von Zusatzleistungen.
> Beispiele: Fitnessbereich, Schwimmbad, Kiosk, Vitrinenverkauf

(4) HAUPTKOSTENSTELLEN

> Sie dienen der Herstellung der Hauptleistungen.
> Beispiele: Restaurant, Küche, Beherbergung

Wir können in einem Vollhotel folgende Hauptkostenstellen unterscheiden:

Material	Küche	Restaurant u. Verkauf	Beherbergung	Verwaltung
=Beschaffung, Annahme, Prüfung und Lagerung von Roh-, Hilfs- und Betriebsstoffen und Fertigwaren	=Herstellung, Be- und Verarbeitung von Erzeugnissen	=Dienstleistungen im Restaurantbereich und Verkauf	=Dienstleistungen im Beherbergungsbereich und Verkauf	
Lebensmittellager, Getränkelager, Wäschelager, Kühlhaus, Lager f. Reinigungsmittel und Vorräte	Hauptküche, Konditorei, Kaffeeküche, Grill	Hauptrestaurant, Frühstücksraum, Snack, Grill, Terrasse, Tagungsräume, Büffet, Bar	Gästezimmer, Rezeption, Garage, Gästetelefon, Gästewäsche	Unternehmensleitung, Sekretariat, Rechnungswesen, Personalwesen

4. Frage:
Wie werden die Kostenstellen miteinander verrechnet?

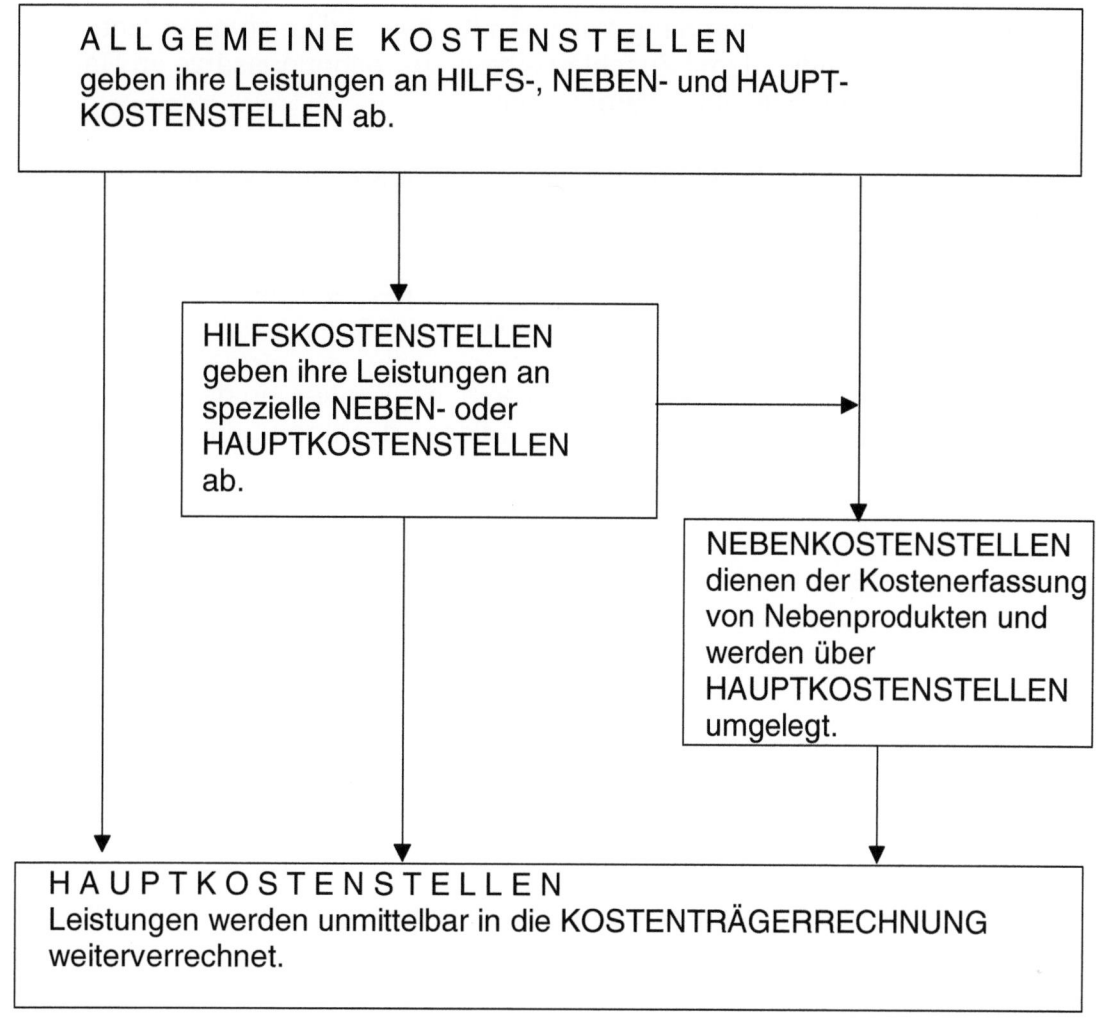

5. Frage:
Was ist ein Kostenstellenplan für das Hotel- und Gaststättengewerbe?
Der Kostenstellenplan enthält eine genaue Aufgliederung der Kostenstellen in einem Betrieb. Die Kostenstellen können durch das Zehnersystem klassifiziert werden. Dabei kann die erste Stelle den Kostenbereich, die zweite die Kostenstelle und die dritte der Kostenplatz kennzeichnen.
- Beispiel Kostenbereich Küche:
    3 Küche
    31 Hauptküche
    311 Warme Küche
    312 Kalte Küche
    ..
    32 Kaffeeküche
    ..
    33 Strandgrill
    ...

Der Kostenstellenplan kann aus dem Organigramm eines Betriebes abgeleitet werden.

6. Frage:
Welche Grundsätze sind im Rahmen der Kostenstellenrechnung zu beachten?

➢ Es ist ein direkter Zusammenhang zwischen Kosten und Leistungen einer Kostenstelle notwendig, damit Zuschlags- bzw. Verrechnungssätze im Rahmen der Kostenträgerrechnung gebildet werden können.

➢ Die Identität von Kostenstelle und Verantwortungsbereich ist wichtig für die Kostenkontrolle.

➢ Die einzelnen Kostenstellen müssen klar abgegrenzt sein, damit die eindeutige Zuordnung aller Gemeinkosten möglich wird.

➢ Der Kostenstellenplan muss übersichtlich sein, die Kontierung der Belege möglichst einfach, damit die Kostenstellenrechnung rationell durchgeführt und ausgewertet werden kann.

7. Frage:
Wie wird die Kostenstellenrechnung verfahrenstechnisch durchgeführt?

Die Kostenstellenrechnung kann kontenmäßig und statistisch-tabellarisch durchgeführt werden. Im ersten Fall werden die Kostenarten lt. Klassen 6 und 7 buchungsmäßig auf die Konten der Kostenstellen verteilt, die dann wieder den Kostenträgern zugerechnet werden.

Für die statistisch-tabellarische Form wird der Betriebsabrechnungsbogen (BAB) verwendet.

Es gibt folgende Arten des Betriebsabrechnungsbogens:

a) **Einstufiger Betriebsabrechnungsbogen (BAB)**
Der einfache BAB enthält nur Hauptkostenstellen
z.B. Materialstelle
    Küchenfertigungsstelle
    Restaurantfertigungsstelle
    Beherbergungsfertigungsstelle
    Verwaltungsstelle

b) **Erweiterter Betriebsabrechnungsbogen**
Enthält nur Hauptkostenstellen, von denen mindestens eine weiter untergliedert ist.
    Materialstelle
      - Material Küche
      - Material Getränke
      - Material Beherbergung
    Küchenfertigungsstelle
    Restaurantfertigungsstelle
    Beherbergungsfertigungsstelle
    Verwaltungsstelle

c) **Mehrstufiger Betriebsabrechnungsbogen**
Enthält neben den Hauptkostenstellen mindestens eine Vorkostenstelle in Form von:
➢ Allgemeinen (Hilfs-) Kostenstellen
➢ (besonderen) Hilfskostenstellen

Ein BAB könnte folgende Kostenstellen haben:
Allgemeine Kostenstellen
Materialstelle
Küchenfertigungsstelle
Topfspüle (Hilfskostenstelle)
Geschirrspüle (Hilfskostenstelle)
Restaurantfertigungsstelle
Beherbergungsfertigungsstelle
Wäscherei (Hilfskostenstelle)
Gästetelefon (Hilfskostenstelle)
Verwaltungsstelle

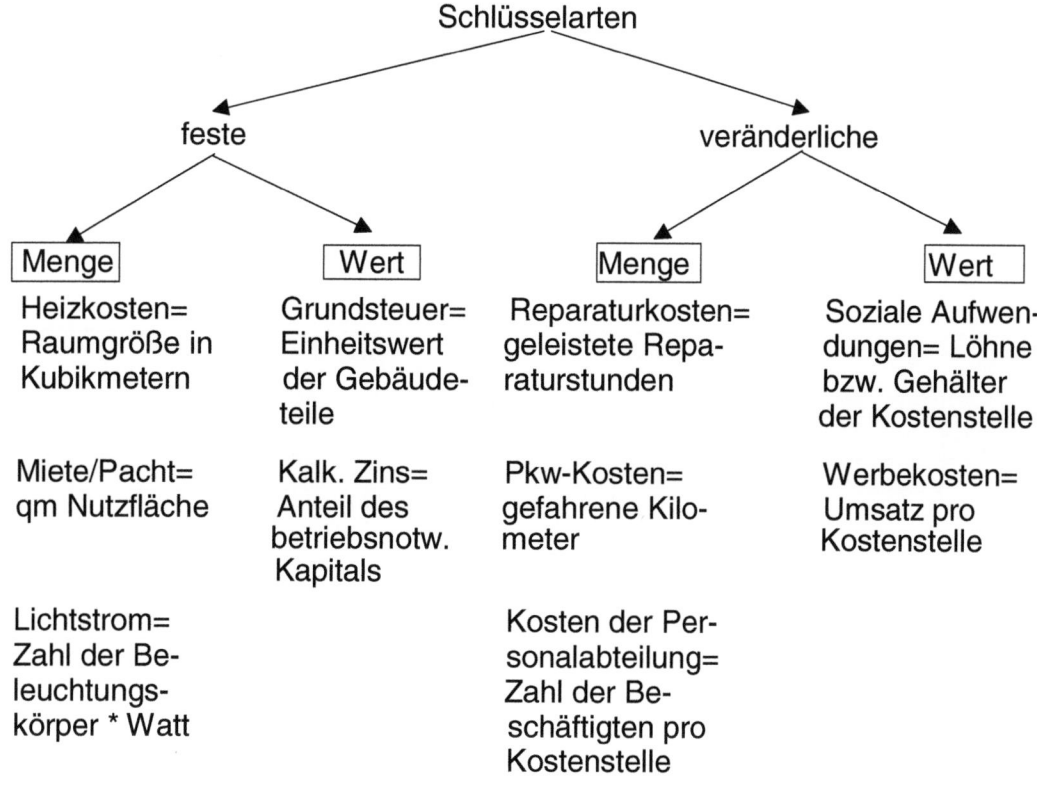

Die Verteilung der Gemeinkosten auf die Kostenstellen erfolgt über Schlüssel. Als Schlüssel zur Verrechnung von Kostenarten auf Kostenstellen und zwischen Kostenstellen werden häufig verwendet:

Neben den Wert- und Mengenschlüsseln gibt es auch zusammengesetzte, die sowohl feste als auch veränderliche Bezugsgrößen enthalten, z.B. Fuhrparkkosten = kW (PS) * Kilometer oder elektrische Energie = Anschlusswerte der Geräte * durchschnittliche Brenndauer

Das folgende Schema soll die Grundstruktur eines Betriebsabrechnungsbogens veranschaulichen:

Ktn. Nr.	Zahlen der Buch- haltung	Schlüssel	Materialbereich			Fertigungsbereich			Ver- wal- tung
			Küche	Keller	Beher.	Küche	Res.	Beher.	
6215									
6220									
6221									
6740									
7200									
7300									
			Materialgemeinkosten			Fertigungsgemeinkosten			Vw- GK
Gemeinkosten			20.000	30.000	10.800	30.000	52.500	69.120	32.376
Zuschlagssätze			20 %	40 %	2,50	25 %	30 %	16,00	8 %
Bezugsgrundlagen			100.000	75.000	4.320	120.000	175.000	4320	404.700
			Einzel- materialien	tats. Aus- lastung		MEK-Kü + MGK-Kü	MEK-Kü MEK-Ke	tats. Aus- lastung	HK II

Das Hotel Residenz Holzer legt folgenden BAB vor:

Ktn. Nr.	Zahlen der Buch- haltung	Schlüs- sel	Materialbereich			Fertigungsbereich			Ver- wal- tung
			Küche	Getränke	Beher.	Küche	Rest.	Beher.	
			Summen der einzelnen Materialgemeinkosten			Summen der einzelnen Fertigungsgemeinkosten			Vw- GK
Gemeinkosten in			15.000	35.000	12.800	35.000	57.500	72.120	28.376
Zuschlagssätze in %									
Bezugsgrundlagen			80.000	105.000	5.420				
			Fertigungs- materialien	tats. Aus- lastung in Zimmer		MEK-Kü + MGK-Kü	MEK-Kü MEK-Ke	tats. Aus- lastung in Zimmer	HK II

1 Bestimmen Sie die Bezugsgrundlagen!

2 Berechnen Sie die Zuschlagssätze (Prozentzahlen: 2 Stellen nach dem Komma)!

5 Kostenträgerrechnung

5.1 Begriffe der Kostenträgerrechnung

Kostenträger sind Leistungen des Unternehmens, deren Erstellung die Kosten verursacht haben. Es lassen sich unter Anlegung verschiedener Kriterien beispielsweise folgende Kostenträger nennen:

> **nach der Bestimmung der Güter**

- Leistungen, die für den Verkauf bestimmt sind:
    - ✓ Verkauf von Speisen, Getränken und Zimmern
    - ✓ Lagerleistungen, z. B. vorproduzierte Leistungen von Fertiggerichteherstellern und Produktionsküchen

- Innerbetriebliche Leistungen, bei denen Innenaufträge vorliegen, die sich beziehen können auf:
Zu aktivierende Leistungen, die nicht auf dem Markt abgesetzt werden, z.B. selbst hergestellte Einrichtungsgegenstände oder Schaustücke, die über einen längeren Zeitraum zu Dekorationszwecken genutzt werden. Beachten Sie, dass jeweils zwischen Herstellungs- und Erhaltungsaufwand zu unterscheiden ist.

> **nach der Art der Güter**

- Materielle Güter, die im Hotel und Restaurant Gegenstand des Leistungsprozesses sind, z.B. Schnitzel mit Pommes, italienischer Salat, ...

- Immaterielle Güter, die im Hotel und Restaurant als Dienstleistungen erbracht werden, z. B. Bereitstellung des Hotelzimmers, der Kegelbahn, der Sauna, des Schwimmbades, der 'Service', die Leistungen der Rezeption ...

> **nach der Fertigungsstufe der Güter**

- Halbfertigerzeugnisse, die eine bestimmte Fertigungsstufe erreicht haben, aber noch nicht absatzreif sind, z.B. Grundsoßen, Fleisch-, Geflügel- und Wildbrühe, Mark- und Leberklößchen

- Fertigerzeugnisse, die absatzreif sind, z.B. Produkte der Speise- und Getränkekarte

> **nach der Verbundenheit der Güter**

- Unverbundene Erzeugnisse, die fertigungstechnisch in keinem zwangsweisen Zusammenhang stehen, z.B. Frühstücksei

- Kuppelerzeugnisse, die sich aus einem Fertigungsprozess zwangsweise als Haupt-, Neben- oder Abfallprodukte ergeben, z.B. Melonenkugeln und das restliche Fruchtfleisch für Obstsalat, Kartoffeln oder Fleisch

5.2 Verfahren der Kostenträgerrechnung

Die Kostenträgerrechnung kann auf verschiedene Weisen durchgeführt werden. Grundsätzlich lassen sich die Verfahren durch ihren Bezug (zeitlich, Stück) unterscheiden.

5.3 Die Kostenträgerzeitrechnung

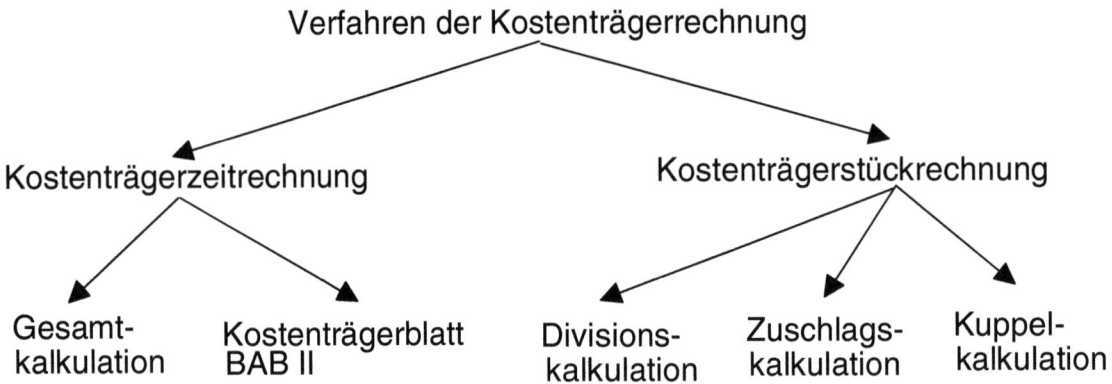

Mit Hilfe der Kostenträgerzeitrechnung soll der Erfolg des gesamten Hotel/Restaurants (Gesamtkalkulation) oder der einzelnen Kostenträger oder Kostenträgergruppen (Kostenträgerblatt) für eine bestimmte Abrechnungsperiode (monatlich oder vierteljährlich) ermittelt werden. Sie ist eine nach allen bzw. einzelnen Kostenträgern bzw. Kostenträgergruppen gegliederte kurzfristige Erfolgsrechnung in tabellarischer Form.

```
                    ┌─────────────────────────┐
                    │ Kostenträgerzeitrechnung │
                    └────────────┬────────────┘
                                 │
                               ┌─▼──┐
                               │Ziel│
                               └─┬──┘
                                 ▼
        ┌────────────────────────────────────────────────────┐
        │          Ermittlung des Periodenerfolgs            │
        │ pro Hotel/Restaurant und/oder Kostenträger und/oder│
        │                 Kostenträgergruppe                 │
        │   (kurzfristige Erfolgsrechnung in tabellarischer  │
        │                       Form)                        │
        └────────────────────────────────────────────────────┘
```

Gesamtkostenverfahren

Material- und Fertigungskosten für die erstellten Produkte fließen in die Berechnung ein. Die Herstellkosten der verkauften Produkte werden durch Addition der Bestandsminderungen und Subtraktion der Bestandsmehrungen der unfertigen und fertigen Produkte berechnet

Merkmal:
Monatliche/vierteljährliche Bestandsaufnahme notwendig. Problem der Bestandsänderungen an unfertigen und fertigen Erzeugnissen (nur in einer Produktionsküche).

Umsatzkostenverfahren

Material- und Fertigungskosten werden für die verkauften Produkte und Leistungen ausgewiesen. Bestandsänderungen bleiben unberücksichtigt.

Merkmal:
Monatliche/vierteljährliche Bestandsaufnahmen entfallen. Keine Zurechnungsprobleme von Bestandsänderungen. Dafür müssen allerdings Rezepturen vorhanden sein und beachtet werden.

Periodenerfolg =

Nettoumsatz/Periode des Unternehmens/des Kostenträgers/der Kostenträgergruppe
- Selbstkosten/Periode des Unternehmens/des Kostenträgers/der Kostenträgergruppe

Kostenträgerzeitrechnung nach dem Umsatzkostenverfahren

Die folgenden Ausführungen unterstellen, dass ein Hotel/Restaurant grundsätzlich keine Lagerleistung erstellt und die Kostenträgerstückrechnung mit Hilfe der Zuschlagskalkulation durchgeführt wird.

Die Kostenträgerzeitrechnung wird dann in folgenden Schritten erstellt:

1. Ausweis der in der Abrechnungsperiode angefallenen Materialeinzel- und - soweit erfassbar - Fertigungseinzelkosten pro Kostenträger bzw. pro Kostenträgergruppe.
2. Zuschlag der Material- und Fertigungsgemeinkosten (Küche, Restaurant, Beherbergung) entsprechend der in der Kostenstellenrechnung ermittelten Kalkulationssätze bzw. im Bereich Beherbergung in /Übernachtung/Zimmer.
3. Zuschlag der Verwaltungs- und Vertriebsgemeinkosten entsprechend der in der Kostenstellenrechnung ermittelten Kalkulationssätze.
4. Ermittlung des Umsatzergebnisses und/oder des Betriebsergebnisses pro Kostenträger bzw. Kostenträgergruppe unter Berücksichtigung der Umsatzerlöse, der Selbstkosten und der Über-/Unterdeckung..

Die Kostenträgerrechnung wird nach folgendem Schema durchgeführt:

	Gesamt		Speisen/Getränke		Beherbergung	
	Ist	Soll	Ist	Soll	Ist	Soll
MEK Speisen/Getränke						
MGK Speisen/Getränke/ Beherbergung						
MK						
FEK Speisen/Beherb.						
FGK Speisen/Getränke/ Beherbergung						
FK						
HK I (MK + FK)						
RGK						
HK II						
VwGK						
SK						
Erlöse						
Umsatzergebnis						
Über-/Unterdeck.						
Betriebsergebnis						

Erläuterungen
Für die Materialgemeinkosten sind die Materialeinzelkosten die Bezugsgrundlage. Der Dreisatz lautet:

MEK Speisen/Getränke   -   100%
MGK Speisen/Getränke   -   ? %

Für die Fertigungsgemeinkosten sind im à-la-carte-Geschäft, da die Fertigungseinzelkosten für die zu erstellende Leistung nicht ermittelbar sind, die Material- kosten (Stoffkosten) die Basis.

```
MK    -   100%
FGK   -   ? %
```

Die Restaurantgemeinkosten werden dagegen auf die Materialeinzelkosten von Speisen oder von Getränken bezogen. Die Herstellkosten I sind für die Leistungen im Restaurant nicht ausschlaggebend. Es ist dabei unerheblich ob Käsespätzeln oder ob ein Filetsteak serviert wird. Damit der Fehler niedrig gehalten wird, haben wir uns entschlossen, die Restaurantgemein- kosten nur auf die Materialeinzelkosten zu beziehen.

```
MEK Kü/Ke  -   100%
RGK        -   ? %
```

Bei den Materialkosten Beherbergung wird kein Zuschlagssatz berechnet, sondern ein - Betrag pro Zimmer oder Übernachtung. Für die Fertigungsgemeinkosten werden als Bezugsgrundlage die Fertigungszeiten für alle Zimmer multipliziert mit dem Stundenlohn verwendet. Davon lässt sich dann mit den Fertigungsgemein- kosten ein Zuschlagssatz ermitteln, der von der Fertigungszeit (Herrichten eines Gästezimmers) abhängig ist. Somit werden unterschiedliche Zimmergrößen besser berücksichtigt.

```
MGK Beherbergung / Anzahl der Übernachtungen = x   /Übernachtung
FEK Beh    -   100%
FGK        -   ?%
```

Die hohen Gemeinkosten (Fixkosten) im Hotelbereich führen zu einem relativ hohen Fertigungsgemeinkostenzuschlag. Bei der Vorkalkulation hat dann aber eine geringe Fehleinschätzung bei den Einzellohnkosten oder der Hotelauslastung eine große Folgewirkung bei dem Ansatz der Fertigungsgemeinkosten. Dieses Problem kann nur durch eine Deckungsbeitragsrechnung behoben werden.

5.4 Die Kostenträgerstückrechnung

Die Kostenträgerstückrechnung ermittelt die Kosten der einzelnen betrieblichen Leistung (z.B. Menü, Getränke, Zimmer). Sie beantwortet die Frage: Wofür sind Kosten angefallen? In der Praxis bezeichnet man die Kostenträgerstückrechnung meist als Kalkulation.

Aufgaben der Kalkulation
- Preisbildung (Kostenpreise)
- Berechnung der Herstellungskosten für innerbetriebliche Leistungen (z.B. Personalessen, Handwerkerleistungen)
- Bewertung von Vorräten an Halb- und Fertigerzeugnissen (z.B. eingefrorene Menüs, Grundsoßen)
- Wirtschaftlichkeitsuntersuchungen: Verhältnis von Kosten zu Leistungen
- Planungsentscheidungen
- Kontrollmaßnahmen
- Disposition: Aufnahme oder Ablehnung eines Bankettauftrages
- Verrechnungs- und Betriebspreise (z. B. Konzernmutter kauft zentral ein und verteilt die Waren auf die angeschlossenen Hotels)

Formen der Kostenträgerstückrechnung

➢ nach dem Zeitpunkt

→ *Vorkalkulation*
Die Vorkalkulation liegt zeitlich vor der Erstellung der gastronomischen Leistung. Sie ist eine Angebotskalkulation, deren Aufgabe es ist, die Höhe der Kosten abzuschätzen, die für eine bestimmte Leistung anfallen. Sie wird hauptsächlich zur Bestimmung der Kostenpreise beim à-la-carte- Geschäft und zur Bestimmung des Angebotspreises beim Bankettgeschäft verwendet. Der voraussichtliche Mengenverbrauch wird durch die Rezepturen und die Gemeinkosten auf der Basis von Durchschnittssätzen (z.B. Fertigungsgemeinkosten Küche) vergangener Abrechnungsperioden in Ansatz gebracht.

→ *Zwischenkalkulation*
Die Zwischenkalkulation liegt zwischen der Vorkalkulation und Herstellungsende einer gastgewerblichen Leistung. Sie macht nur Sinn, wenn die Kostenentwicklung über einen mittleren oder längeren Zeitraum beobachtet werden soll. In der Hotellerie könnte dies bei Serienbuchungen, in der Gastronomie bei langfristigen Vereinbarungen bezüglich einer Bankettveranstaltung (z.B. Kommunion in zwei Jahren) in Frage kommen.

→ *Nachkalkulation*
Die Nachkalkulation liegt zeitlich nach der Erstellung der gastronomischen Leistung. Sie enthält die tatsächlich angefallenen Kosten. Sie dient zur Kostenkontrolle im Rahmen des Soll-Ist-Vergleiches.

➢ nach dem Rechenweg

→ *Vorwärtskalkulation*
Ausgehend vom Bezugspreis oder den Materialeinzelkosten oder dem Listenpreis wird der Inklusivpreis ermittelt, den der Unternehmer als Kostenpreis unter Berücksichtigung seiner Gewinnerwartung erzielen will (vergleiche Marktpreis).

→ *Differenzkalkulation*
Bei der Differenzkalkulation sind sowohl Bezugs- (Materialeinzelkosten, Einstandspreis) und Inklusivpreis fest vorgegeben. Es ist dann die Frage zu beantworten, ob die Differenz zwischen Selbstkosten und Nettoverkaufspreis ausreicht, um die Gewinnerwartungen des Unternehmers zu erfüllen. Angenommen, bei einer Verhandlung über eine Bankettveranstaltung wird bei gegebenen Materialeinsatz, z.B. als Menüpreis 85,00 ermittelt. Der potentielle Gast ist aber nu r bereit 75,00 zu zahlen. Der Gastwirt muss überprüfen, ob er auch unter diesen Bedingungen zu diesem Geschäft bereit ist.

→ *Rückwärtskalkulation*
Bei der Rückwärtskalkulation (retrograde Kalkulation) ist der Inklusivpreis vorgegeben. Es wird dann, ausgehend vom Inklusivpreis (also rückwärts), der Wareneinsatz, die Materialeinzelkosten oder der Bezugspreis ermittelt. Der Unternehmer muss sich fragen, ob er mit den ermittelten Kosten die Produktion noch durchführen kann.

Kakulation einer Flasche Wein					
	in %	in EUR	vorwärts	rückwärts	Differenz
Bezugspreis/Einstandspreis		8,50 €	fest vorgegeben	gesuchter Wert	fest vorgegeben
+ Handlungskostenzuschlag	250%	21,25 €			
Selbstkosten		29,75 €			
+ Gewinn	0,25 €	7,44 €			Gesuchter Wert
Nettoerlös		37,19 €			
+ Bedienungsgeld	11,30%	4,20 €			
Nettoverkaufspreis		41,39 €			
+ Umsatzsteuer	19%	7,86 €			
Inklusivpreis		49,25 €	gesuchter Wert	fest vorgegeben	fest vorgegeben

> nach dem Kalkulationsverfahren

→ *Divisionskalkulation*

Kalkulationsmethode, bei der die Gesamtkosten einer Periode durch die Zahl der erstellten Leistungseinheiten dividiert werden. Beispiele hierfür ist ein Hotel mit gleichen Zimmern oder ein gastronomischer Betrieb mit wenigen und gleichartigen Produkten (z.B. Mc Donalds). Für das letzte Beispiel könnte die Divisionskalkulation mit Äquivalenzziffern in Frage kommen. So müsste beispielsweise ein Wertverhältnis zwischen Hamburgern und Cheeseburgern ermittelt werden. Entsprechend dieser Relation können dann die Kosten gewichtet verteilt werden. Eine mehrstufige Divisionskalkulation liegt vor, wenn die Erstellung der Leistung mehrere Produktionsstufen durchläuft. Dazu müssen die Gesamtkosten auf die einzelnen Fertigungsstufen (z.B. Küche und Restaurant) aufgeteilt und dann den Kostenträgern zugerechnet werden. Beispiele: Zigarettenproduktion, Brauereien, Fast-Food oder Hotel garni.

→ *Äquivalenzziffern*

Die Äquivalenzziffernkalkulation ist eine spezielle Form der Divisionskalkulation. Sie ist besonders für Betriebe geeignet, die geringe Einzelkosten (z. B. Hotel) haben und wenn eine Sortenfertigung (z. B. Hotel garni mit Einzelzimmer und Doppelzimmer) vorliegt. Im Dienstleistungsbereich können solche Verfahren wegen der geringen Einzelkosten gut eingesetzt werden.

→ *Zuschlagskalkulation*

Kalkulationsverfahren, bei dem die Kostenträgereinzelkosten (z.B. Wareneinsatz) direkt auf die erstellte Leistung, die Gemeinkosten dagegen mit Schlüsseln verteilt und mit Zuschlagssätzen zugerechnet werden. Bei der globalen Zuschlagsrechnung werden die Gemeinkosten über einen globalen Zuschlagssatz (typisch für Handel und Getränkeverkauf) und bei der differenzierten Zuschlagsrechnung über verschiedene Zuschlagssätze (z.B. Fertigungsgemeinkostensatz, Restaurantgemeinkostensatz) zugerechnet.

→ *Kuppelkalkulation*

Kuppelprodukte liegen dann vor, wenn durch einen Produktionsprozess zwangsläufig zwei oder mehr verschiedene Produkte entstehen, z.B. aus einer Melone werden Melonenkugeln ausgestochen, gleichzeitig bleibt noch Fruchtfleisch übrig. In diesen Fällen können die Einzelmaterialien dem Kostenträger nicht direkt zugewiesen werden. Eine verursachungs- gerechte Zurechnung ist nicht mehr möglich. Deshalb muss nach Zweckmäßigkeitsüberlegungen zugeordnet werden. Üblicherweise wird mit einer gewichteten Verteilungsrechnung gearbeitet. Die Gewichtung besteht in einer Wertzuweisung (Qualität) für das Hauptprodukt.

Im Gastgewerbe werden folgende Kalkulationsschemata angewandt.

Das Bedienungsgeld ist "der Lohn" für Leistungen des Servicepersonals. Im Restaurant kann grundsätzlich ein monatliches Festgehalt, eine Abrechnung nach Umsatz, oder ein Grundgehalt plus Umsatzbeteiligung gezahlt werden. In der letzten Zeit hat sich gerade bei Aushilfspersonal ein fester Stundenlohn durchgesetzt. Zeitlöhne sind in der Regel in den Fertigungsgemeinkosten Restaurant enthalten. In diesem Fall kann die Kalkulationsposition Bedienungsgeld auch weggelassen werden.

Küchenkalkulation für à la carte-Geschäft		
	%	
Materialeinzelkosten		
+ Materialgemeinkosten		
= Materialkosten/Stoffkosten		
+ Fertigungsgemeinkosten Küche		
= Herstellkosten I		
+ Fertigungsgemeinkosten Restaurant		
= Herstellkosten II		
+ Verwaltungsgemeinkosten		
= Selbstkosten		
+ Gewinn		
= Nettoerlös		
+ Bedienungsgeld		
= Nettoverkaufspreis		
+ Umsatzsteuer		
= Inklusivpreis		

Küchenkalkulation für Produktionsküche und Bankett		
	%	
Materialeinzelkosten		
+ Materialgemeinkosten		
= Materialkosten/Stoffkosten (1)		
Fertigungseinzelkosten		
+ Fertigungsgemeinkosten Küche		
= Fertigungskosten (2)		
= Herstellkosten I (1+2)		
+ Fertigungsgemeinkosten Restaurant		
= Herstellkosten II		
+ Verwaltungsgemeinkosten		
= Selbstkosten		
+ Gewinn		
= Nettoerlös		
+ Bedienungsgeld		
= Nettoverkaufspreis		
+ Umsatzsteuer		
= Inklusivpreis		

Getränkekalkulation Globale Zuschlagsrechnung mit Einkaufskalkulation		
	%	
Listeneinkaufspreis o. USt.		
- Liefererrabatt		
= Zieleinkaufspreis		
- Liefererskonto		
= Bareinkaufspreis		
+ Bezugskosten		
= Bezugspreis/Einstandspreis/		
+ Handlungskostenzuschlag		
= Selbstkosten		
+ Gewinn		
= Nettoerlös		
+ Bedienungsgeld		
= Nettoverkaufspreis		
+ Umsatzsteuer		
= Inklusivpreis		

Getränkekalkulation Differenzierte Zuschlagsrechnung mit Einkaufskalkulation		
	%	
Listeneinkaufspreis o. USt.		
- Liefererrabatt		
= Zieleinkaufspreis		
- Liefererskonto		
= Bareinkaufspreis		
+ Bezugskosten		
= Bezugspreis/Einstandspreis/ Materialeinzelkosten		
+ Materialgemeinkosten		
= Materialkosten/Stoffkosten		
+ Fertigungsgemeinkosten Restaurant		
= Herstellkosten		
+ Verwaltungsgemeinkosten		
= Selbstkosten		
+ Gewinn		
= Nettoerlös		
+ Bedienungsgeld		
= Nettoverkaufspreis		
+ Umsatzsteuer		
= Inklusivpreis		

Zimmerkalkulation Differenzierte Zuschlagsrechnung		
	%	
Materialgemeinkostenbetrag pro Zi/Üb (1)		
Fertigungseinzelkosten Beherbergung		
Formel: Fertigungszeit x Stundenlohnsatz		
+ Fertigungsgemeinkostenzuschlag Beherb.		
Fertigungskosten (2)		
= Herstellkosten (1 + 2)		
+ Verwaltungsgemeinkosten		
= Selbstkosten		
+ Gewinn		
= Nettoerlös		
+ (Bedienungsgeld)		
= Nettoverkaufspreis		
+ Umsatzsteuer		
= Inklusivpreis		

Die Zuschlagskalkulation für das Hotelzimmer hat den Nachteil, dass es nur wenige variable Kosten gibt. Die Hotellerie hat einen Fixkostenblock von 70-80%. Wir haben nur geringe Materialkosten (Pflege- und Verbrauchsmittel im Bad, Reinigungsmittel) und etwas höhere Kosten für die Herstellung des Zimmers (Reinigung durch Zimmermädchen). Dadurch entstehen relativ hohe Zuschlagssätze. Dieses Problem kann durch die Anwendung der Äquivalenzziffernkalkulation, eine Form der Divisionskalkulation, die bei Sortenfertigung, wie beispielsweise im Hotel, angewendet und behoben werden. Wir nehmen als Beispiel ein Hotel mit drei Arten von Zimmern, nämlich Einzelzimmer, Doppelzimmer und Suiten. Diese Kalkulation wird in vier Schritten durchgeführt:

1. Ermittlung der Äquivalenzziffern
2. Bildung von Recheneinheiten für die Kostenverteilung
3. Ermittlung der Kosten pro Recheneinheit
4. Verteilung der Kosten auf die Produkte

Schritt 1: Ermittlung der Äquivalenzziffern

Die Äquivalenzziffern bringen zum Ausdruck, in welchem Verhältnis die Kosten der einzelnen Zimmern zueinander stehen. Ausgangspunkt (Basissorte) ist die umfangreichste Zimmerart, also das Doppelzimmer in unserem Falle. Das Doppelzimmer bekommt damit die Äquivalenzziffer 1,0. Die anderen Zimmerarten erhalten entsprechend der Kostenrelationen höhere oder niedrigere Äquivalenzziffern.

Das folgende Beispiel stellt die Situation eines Hotels im Monat April bei 60% Auslastung dar. Die variablen Kosten für das Einzelzimmer sind um 20% günstiger als das Doppelzimmer. Dagegen kostet die Herstellung der Suite 30% mehr als das Doppelzimmer.

	Anzahl	Verkaufte Zimmer	Äquivalenzziffern
EZ	20	360	0,8
DZ	40	720	1,0
Suiten	10	180	1,3

Schritt 2: Bildung von Recheneinheiten für die Kostenverteilung

Als nächstes müssen jetzt die Recheneinheiten für die Verteilung der Kosten ermittelt werden.

	Anzahl	Verkaufte Zimmer	Äquivalenzziffern	Recheneinheiten	
EZ	20	360	0,8	0,8 x 360=	288
DZ	40	720	1,0	1,0 x 720=	720
Suiten	10	180	1,3	1,3 x 180=	234
Summe	70	1.260	3,1		1.242

Es ergeben sich für das Beispiel die in der sechsten Spalte ausgewiesenen Recheneinheiten von insgesamt 1.242.

Schritt 3: Ermittlung der Kosten pro Recheneinheit

Kosten pro Recheneinheit = Gesamtfixkosten / Summe der Recheneinheiten

Für unser Beispiel bedeutet dies z.B. bei Fixkosten von 149.040,00 geteilt durch 1.242 ergibt den Wert für eine Recheneinheit von 120,00 .

Schritt 4: Verteilung der Kosten auf die Produkte

Kosten der Zimmerkategorien = Äquivalenzziffer x Kosten je Recheneinheit

	Verkaufte Zimmer	Äquivalenz-ziffern	Rechen-einheit	Fixkosten pro Zimmerkat.	Gesamte Fixkosten
EZ	360	0,8	120,00	96,00	34.560,00
DZ	720	1,0	120,00	120,00	86.400,00
Suiten	180	1,3	120,00	156,00	28.080,00
				Gesamt	149.040,00

Das bedeutet, dass für das Doppelzimmer insgesamt 120,00 an Fixkosten anfallen. Wir unterstellen variable Stückkosten von 20,00 . Darauf muss dann noch der Gewinn und die Umsatzsteuer gerechnet werden.

Variablen Kosten	20,00
Fixkosten DZ	120,00
Selbstkosten	140,00
+ Gewinn 30 %	42,00
= Verkaufserlöse	182,00
+ Umsatzsteuer 7%	12,74
= Inklusivpreis	192,74

Die Fixkosten lassen sich noch in verschiedene Kostenarten aufteilen und ebenfalls über eine Äquivalenzziffer zuordnen. Dies wäre dann einen differenziertere Zuordnung der Fixkosten zu den einzelnen Zimmerkategorien.

Kalkulationszuschlag (KZ); Kalkulationsfaktor (KF); Handelsspanne (HSp) am Beispiel der globalen Getränkekalkulation

Kalkulationszuschlag ist die Differenz zwischen Bezugspreis und Inklusivpreis in Prozent des Bezugspreises.

$$KZ = \frac{(IP - EP) \cdot 100}{EP}$$

Der Kalkulationsfaktor ist der Multiplikator, mit dem man den Bezugspreis vervielfacht, um den Inklusivpreis zu berechnen.

$$EP \cdot KF = IP$$
$$KF = \frac{IP}{EP}$$

Die Handelsspanne ist die Differenz zwischen Inklusivpreis und Einstandspreis in Prozent des Inklusivpreises.

$$HSp = \frac{(IP - EP) \cdot 100}{IP}$$

Füllen Sie das folgende Kalkulationsschema aus. Rechnen Sie auf der Basis von 100 % bzw. dem Faktor 1,000.

Aus dem folgenden Abrechnungsschema können direkt die gesuchten Größen ermittelt werden:

100 %	1,0000	Bezugspreis (= EP)		%	12,00
		+ Handlungskostenzuschlag	150 %		
		= Selbstkosten			
		+ Gewinn	15%		
		= Nettoerlös			
		+ Bedienungsgeld	12%		
		= Nettoverkaufspreis			
		+ Umsatzsteuer	19%		
		= Inklusivpreis (IP)		100,00 %	45,98
s.u.	= KF			s.u.	

$$IP - EP = KZ \qquad\qquad IP - EP = HSp$$

Problembereiche der Kalkulationsverfahren

➢ richtige Erfassung der verursachten Kosten

➢ richtige Zurechnung der Kosten auf die sie verursachenden betrieblichen Leistungen, die Kostenträger

➢ Umlagefehler wächst mit zunehmenden Anteil der Gemeinkosten

6 Teilkostenrechnung

6.1 Die Deckungsbeitragsrechnung

Die Vollkostenrechnung hat die Aufgabe, alle Kosten vollständig und periodengerecht zu erfassen und den Produkten verursachungsgerecht zuzurechnen. Die Rechnung ist die Grundlage jeder Kalkulation, die die Herstell- oder Selbstkosten und darüber hinaus auch den Inklusivpreis der Erzeugnisse und Leistungen ermittelt. Sie ist aber nicht geeignet für unternehmerische Entscheidungen, wie

- kurzfristige Planung der Produktion (z.B. Küchenproduktion)
- Annahme oder Ablehnung von Aufträgen zu Konditionen unterhalb der kalkulierten Preise
- kurzfristige Absatzplanung
- Bestimmung von Preisuntergrenzen
- Entscheidung über Eigenproduktion oder Zukauf.

Die Mängel der Vollkostenrechnung liegen vor allem in der Proportionalisierung der fixen Kosten und in der Schlüsselung der Gemeinkosten. Die Deckungsbeitragsrechnung kehren deshalb die Denkrichtung um und orientieren sich am erzielbaren Marktpreis, denn dem Gastronomen und Hotelier geht es letztlich darum, sich den Bedingungen des Marktes hinsichtlich Preis, Absatzmenge und Leistungspalette anzupassen. Dabei wird er in Zeiten der Rezession oder zunehmender Konkurrenz mit fallenden Marktpreisen entscheiden müssen, ob auch noch zu einem Preis hergestellt und angeboten werden soll, der nicht dem kalkulierten entspricht und der u. U. noch nicht einmal kostendeckend ist.

Die Deckungsbeitragsrechnung ordnen den Kostenträgern (= Produkten) nur die Kosten zu, die direkt durch die Leistungserstellung verursacht werden. Die Fixkosten oder die Gemeinkosten bleiben zunächst außer Betracht.

Zur Durchführung der Deckungsbeitragsrechnung müssen folgende Begriffe geklärt werden!

Einzelkosten: (direkte Kosten)= Kosten, die mengen- und wertmäßig für den einzelnen Kostenträger ermittelt und diesem unmittelbar zugerechnet werden können, z.B. Wareneinsatz

Gemeinkosten: (indirekte Kosten)= Kosten, die einem Kostenträger nicht direkt (u. U. nur auf unwirtschaftliche Weise) zugerechnet werden können. Sie fallen während eines Zeitabschnittes für alle Betriebsleistungen gemeinsam an, z.B. Personalkosten (Ausnahme Bedienungsgeld), Abschreibung, Versicherung,...

Fixe Kosten: Kosten der vorhandenen Kapazität und der Betriebsbereitschaft. Innerhalb einer gegebenen Kapazitätsgröße fallen sie in bestimmter, unveränderter Höhe an.

Variable Kosten: Kosten, die sich bei schwankender Beschäftigung verändern.

Diese Trennung der Einzel-/Gemeinkosten und variablen/fixen Kosten führt uns unmittelbar zu den Grundformen der Deckungsbeitragsrechnung.

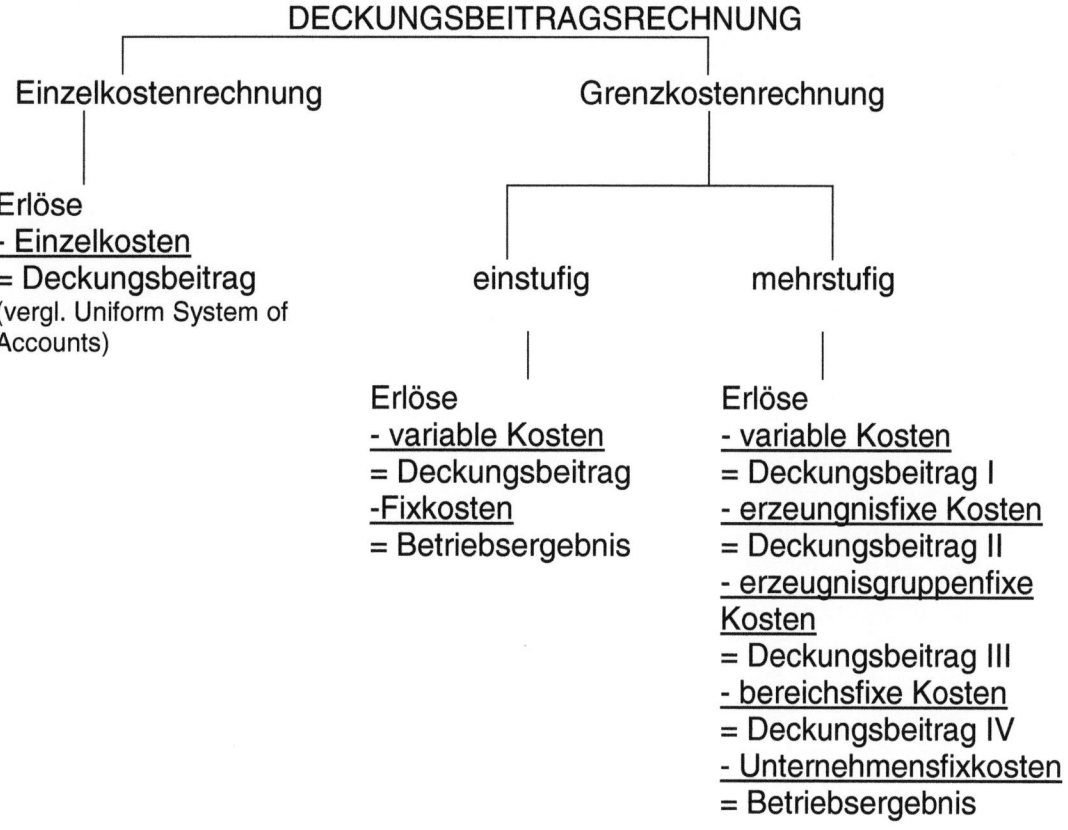

Wir verwenden im Folgenden als gängige Form die Grenzkostenrechnung und bezeichnen sie als Deckungsbeitragsrechnung.

Vorgehensweise bei der Deckungsbeitragsrechnung

Schritt 1   Zerlegung der Kosten jeder Kostenstelle in variable und fixe.

Schritt 2   Verrechnung lediglich der variablen Kosten auf die Kostenträger.

Schritt 3   Abzug der variablen Kosten von den Erlösen - Errechnung des Deckungsbeitrages

Schritt 4   Absetzung der Fixkosten von den Deckungsbeiträgen.
Der Saldo ist das Betriebsergebnis!

Es darf bei der Aufteilung der Kosten in beschäftigungsfixe und beschäftigungsabhängige Bestandteile nicht vergessen werden, dass die fixen Kosten auch beeinflussbar sind, dies jedoch von der zeitlichen Wirkung der Entscheidung abhängt. Langfristig gibt es keine fixen Kosten.

6.2 Entscheidungssituationen für die Teilkostenrechnung

Im Folgenden sollen die Vorteile der DB-Rechnung als Entscheidungshilfe verdeutlicht werden. Die traditionelle Vollkostenrechnung als Entscheidungshilfe liefert in bestimmten Situationen falsche Ergebnisse:

- Preisbeurteilung (kurzfristige Preisuntergrenze und Mindestdeckungsbeitrag),
- Programmoptimierung (= Zusammenstellung des gewinnmaximales Produktionsprogramm),
- Zusatzaufträge,
- Verfahrenswahl (optimales Produktionsverfahren),
- Eigenfertigung oder Fremdbezug,
- kurzfristige Preisobergrenze,
- Deckungsbeitragsrechnung (Grenzplankostenrechnung, Kostenrechnungssysteme).

Kosteninformationen der Teilkostenrechnungen

Direktkostenrechnung
Informationen für Kontrollzwecke
- Ermittlung der gesamten, fixen und/oder variablen Istwerte je Kostenart
- Ermittlung der gesamten, fixen und variablen Ist-Kosten des Unternehmens
- Ermittlung der einzelnen sowie der gesamten variablen Ist-Kosten je Kostenstelle
- Ermittlung der variablen Istwerte für innerbetriebliche Leistungen
- Ermittlung der variablen Ist-Herstellkosten je Leistungseinheit
- Ermittlung der variablen Ist-Selbstkosten je Leistungseinheit
- Ermittlung der Ist-Bruttoergebnisse (Deckungsbeiträge) je Produktart/-gruppe bzw. für das Unternehmen
- Ermittlung des Nettoergebnisses (Gewinn/Verlust) für das Unternehmen

Informationen für Steuerungszwecke
- Verwendung der Ist-Deckungsbeiträge für die Gestaltung des Produktionsprogramms

Fixkostendeckungsrechnung
Informationen für Kontrollzwecke
- Ermittlung der gesamten, fixen und/oder variablen Istwerte je Kostenart
- Ermittlung der gesamten, fixen und variablen Ist-Kosten des Unternehmens
- Ermittlung der variablen Ist-Kosten je Kostenstelle
- Ermittlung der fixen Kosten je Erzeugnis, Erzeugnisgruppe, Kostenstelle, Bereich, Unternehmen
- Ermittlung der variablen/vollen Istwerte für innerbetriebliche Leistungen
- Ermittlung der vollen Ist-Herstellkosten je Leistungseinheit
- Ermittlung der vollen Ist-Selbstkosten je Leistungseinheit
- Ermittlung schichtbezogener Ist-Bruttoergebnisse (Deckungsbeiträge) je Erzeugnis, Erzeugnisgruppe, Kostenstelle, Bereich
- Ermittlung der Ist-Nettoergebnisse (Gewinne/Verluste) je Produktart bzw. für das Unternehmen

Informationen für Steuerungszwecke
- Verwendung der Deckungsbeiträge für die Gestaltung des Produktionsprogramms
- Verwendung der vollen Selbstkosten je Leistungseinheit als Basis für die Preisfindung

Grenzplankostenrechnung
Informationen für Kontrollzwecke
- Ermittlung der gesamten, fixen und/oder proportionalen Planwerte je Kostenart
- Ermittlung der gesamten, fixen und proportionalen Plankosten des Unternehmens
- Ermittlung der gesamten, fixen und proportionalen Planwerte je Kostenstelle
- Ermittlung der proportionalen Kosten je Kostenstelle für unterschiedliche Beschäftigungsgrade als Sollkosten
- Ermittlung der Grenzplankosten für innerbetriebliche Leistungen
- Ermittlung der Grenzplan-Herstellkosten je Leistungseinheit
- Ermittlung der Grenzplan-Selbstkosten je Leistungseinheit
- Ermittlung der Plan-Bruttoergebnisse (Deckungsbeiträge) je Produktart/-gruppe bzw. für das Unternehmen
- Ermittlung des Plan-Nettoergebnisses (Gewinn/Verlust) des Unternehmens

Informationen für Steuerungszwecke
- Vorgabe der Grenzplankosten für unterschiedliche Beschäftigungsgrade als Sollwerte je Kostenstelle
- Vorgabe der Grenzplan-Herstellkosten zur Entscheidung über Eigenherstellung oder Fremdbezug
- Vorgabe der Grenzplan-Selbstkosten je Leistungseinheit als Basis für die Preisfindung
- Vorgabe der Deckungsbeiträge als Entscheidungshilfe für die Programmgestaltung
- Vorgabe der anzustrebenden Planergebnisse

6.3 Grenzen der Deckungsbeitragsrechnung

Die hohe Aussagefähigkeit insbesondere der Grenzkostenrechnung in bestimmten Entscheidungssituationen darf nicht über deren Mängel hinwegtäuschen. Zunächst einmal ist die auf Erzielung eines positiven Deckungsbeitrages ausgerichtete Grenzkostenrechnung nur für kurzfristige Betrachtungen geeignet; sie führt sonst leicht zu einer Unterschätzung der Wichtigkeit der vollständigen Fixkostendeckung in langer Sicht und kann damit Liquiditätsprobleme schaffen.

Die Verwendung der variablen Kosten als Preisuntergrenze ist aus einem weiteren Grunde problematisch. Werden nämlich in Zeiten schlechter Beschäftigung Leistungen auf dieser Preislage angeboten, so wird es schwer sein, später wieder gewinnbringende Preise durchzusetzen.

Ein weiterer Nachteil dieses Verfahrens liegt in der Ermittlung der Herstellungskosten für die Handels- und Steuerbilanz. Dafür müssen Kompromisse geschlossen werden. Der Versuch, mit einem Verfahren alle Informationen zu erreichen, muss scheitern und führt zur Aufblähung des rechnungstechnischen Instrumentariums. Deshalb ist auch ein modernes Kostenrechnungsverfahren kein Garant für den betrieblichen Erfolg und kein Ersatz für rationales Handeln des Hoteliers oder Gastronomen.

Sowohl die alleinige Anwendung der Vollkosten- oder Teilkostenrechnung kann ein Unternehmen in Schwierigkeiten bringen. Aus diesem Grund kann die Teilkostenrechnung durch eine Überprüfung der Vollkostendeckung ergänzt werden.

	Kostenträger				
	01	02	03	04	Gesamt
Erlöse in T	2050	4050	7550	14700	28350
variable Kosten	1800	2900	5200	11100	21000
Deckungsbeitrag	250	1150	2350	3600	7350
DB in % von Kv	13,9%	39,7%	45,2%	32,4%	35,0%
Fixkosten					6300
Fixkosten-Zuschlag					30,0%
Betriebsergebnis					1050

Die Tabelle zeigt, dass bei 30 % Deckungsbeitrag die Vollkostendeckung erreicht ist. Der Kostenträger 01 erreicht die Vollkostendeckung nicht. Die Fixkosten sind zeit-, nicht leistungsabhängig. Sie fallen somit auch bei geringerer Beschäftigung an. Falls -wie in diesem Beispiel unterstellt- keine kostenträgerspezifischen Fixkosten vorhanden sind, erwirtschaftet das Unternehmen bei Aufgabe des Kostenträgers „01" insgesamt 250 T weniger Deckungsbeitrag p.a.. Falls kein lukrativeres Substitutionsprodukt vorhanden ist, würden wir unter diesen Umständen das Produkt nicht aus dem Programm nehmen.

Die Auswirkungen bei Wegfall des Kostenträgers 01 auf das Betriebsergebnis lassen sich wie folgt festhalten:

```
Deckungsbeitrag aller Kostenträger          7.350.000,00
-Deckungsbeitrag von Kostenträger 01          250.000,00
Deckungsbeitrag nach Ausgliederung         7.100.000,00
-Fixkosten                                 6.300.000,00
neues Betriebsergebnis                       800.000,00
bisheriges Betriebsergebnis                -1.050.000,00
Fehlbetrag durch Ausgliederung               250.000,00
==================================================
```

Durch eine weitere Aufgliederung der Fixkosten in verschiedenen Stufen lässt sich die Aussagefähigkeit nach dieser Vorgehensweise noch erhöhen.

7 Budgetierung

7.1 Begriff der Budgetierung

Der Budgetbegriff ist ein aus dem französischen ins englische übertragenes Wort (bougette) und bezeichnet die Aktentasche des englischen Finanzministers, in der sich der Etat (Haushaltsplan) für einen bestimmten Zeitabschnitt befand. So wie ein öffentliches Budget die Einnahmen und Ausgaben des Staates aufführt, so wird im betrieblichen Sinne unter Budgetierung die betriebliche Planung von Einnahmen und Ausgaben verstanden.

Das Budget ist in einem Hotel-Restaurant ein Planungsinstrument, um das geplante Betriebsergebnis und die Liquidität des Unternehmens zu kontrollieren. Es zwingt die Abteilungsleiter, Kosten und Umsätze im Auge zu behalten, weil sie für das Ergebnis verantwortlich gemacht werden.

7.2 Gründe für die Budgetierung

Die traditionelle Kostenrechnung hat die Aufgabe, die Kosten des Dienstleistungsprozesses in einem Hotel/Restaurant zu erfassen und auf die produzierten Leistungen (z.B. Menü, Getränke, Bereitstellung des Zimmers) zu verteilen. Da sie mit den tatsächlich entstanden Kosten rechnet, wird sie als Istkostenrechnung bezeichnet. Der Nachteil dieses Verfahren besteht darin, dass der Gastronom erst dann Kosteninformationen erhält, wenn die Leistungen erstellt und verkauft sind. Die Kostenwerte vom letzten Jahr werden dann für Entscheidungen im neuen Jahr verwendet. Für das neue Wirtschaftsjahr werden aber zukünftige Kosten benötigt. Natürlich liefern die Ist-Kosten des vergangenen Jahres Anhaltspunkte für die Planung. Ziel des kostenorientiert denkenden Hoteliers und Gastronomen ist aber die Vorgabe von Kosten, die es ermöglicht, durch die laufende Beobachtung der Ist-Kosten, Art und Umfang von Kostenabweichungen festzuhalten und ggf. durch gezielte Maßnahmen entgegenzusteuern.

Zusätzlich zur Plankostenrechnung (Sollkostenrechnung) müssen die Erlöse geplant und kontrolliert werden. Dies ist notwendig, weil es einen direkten Zusammenhang zwischen Erlösen und Kosten gibt. Kosten sind nichts anderes, als für die Leistungserstellung aufgewendeten Mittel. Da in der Gastronomie und Hotellerie eine Lagerproduktion in den meisten Fällen nicht möglich ist, ist eine direkte Zuordnung der Kosten zu den verkauften Leistungen sinnvoll.

Die Aufgaben der Budgetierung lassen sich anschaulich in einem Regelkreis darstellen.

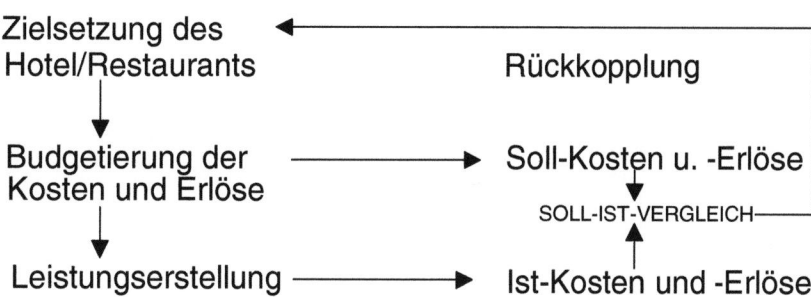

Die aus den Unternehmenszielen abgeleiteten Plankosten und Planerlöse werden mit der Abteilungsleitung (Küchenchef) als Vorgaben erarbeitet. Während der Produktion in der Küche werden die Ist-Kosten und Ist-Erlöse erfasst und in monatlichen oder vierteljährlichen Abteilungsergebnisrechnung anhand der Sollzahlen überprüft. Stimmen Plan und Ist überein, dann braucht die Zielsetzung nicht geändert zu werden. Sind Differenzen feststellbar, so werden in der vorgesetzten Stelle (Wirtschaftsdirektor) Reaktionen ausgelöst (management -by- exception). Es werden Maßnahmen ergriffen, damit der Plan für die nächsten Monate und damit der Jahresplan besser realisiert werden, oder es muss eine Revision der Ziele stattfinden.

Dieser grundlegende Regelkreis steht hinter der Budgetierung und ist Voraussetzung für ein funktionierendes Planungssystem im Hotel/Restaurant. Wie wird nunmehr konkret vorgegangen?

7.3 Planung der Kosten und Erlöse

Ausgangspunkt der Kosten- und Leistungsrechnung sind die Daten aus dem vergangenen Jahr. Die Kosten- und Erlösplanung erfolgt für ein "normales" Kalenderjahr. Dieses Normaljahr lässt zusätzliche Kosten in der Anlaufphase eines Hotels/Restaurants unberücksichtigt, wie z.B. Kosten für die Anlaufwerbung oder Kosten für die Küchen- und Lagerplanung. Weiterhin kann in der Gründungsphase nicht auf die Vorjahre zurückgegriffen werden. Auf dieses Problem wird hier nicht eingegangen.

Soweit möglich erfolgt die Kosten- und Erlösplanung durch Ermittlung und anschließende Bewertung des Mengengerüstes für die Personalplanung, die Leistungserstellung, den Energieverbrauch, u. ä.. Kosten, für die kein Mengengerüst angefertigt werden konnte, werden durch die Erfahrungswerte des Vorjahres unter Berücksichtigung von zu erwartenden Veränderungen gebildet. Bei Verwendung des IKR-Kontenrahmens, muss zunächst eine sachliche Trennung der Aufwendungen in betriebsbedingte und neutrale (also nicht direkt den Betrieb betreffende) Aufwendungen vorgenommen werden.

Ausgangspunkt sind die Kontenklasse 5 und 6. Auszugsweise geht es um folgende Inhalte:

Konten-Nr.	Kontenart		Beträge in □
50 00 20	Warenverbrau	211230	105.615,00
50 00 30	Warenverbrau	198253	99.126,50
60 00 00	Personalaufwendungen		
60 00 20	anlagebedingte Kosten		
60 01 00	Löhne		
60 10 01	Beherbergung	82306	41.153,00
60 10 02	Küche	132401	66.200,50
60 10 03	Restaurant/B	120300	60.150,00
	Abschreibungen		
62 20 00	auf Maschine	70459	35.229,50
62 21 00	auf Gebäude	88000	44.000,00
63 10 10	Miete und Pacht		
63 25 00	Gas, Strom, Wasser		
63 35 00	Instandhaltung		
66 00 00	Werbekosten	30000	15.000,00
68 15 00	Bürobedarf	14000	7.000,00
71 00 00	Zinsen für Ve	27860	13.930,00
76 50 00	Sonstige Bet	9867	4.933,50

Die Beträge dieser Kontenklasse müssen nunmehr im Sinne einer Planungsrechnung anhand des Mengengerüstes überprüft werden. Für die Berechnung der Wareneinsätze könnte die Verkaufsstatistik herangezogen werden. Die Verkaufsstatistik beruht auf einem bestimmten Zeitabschnitt (Woche, Monat, Vierteljahr oder Jahr). Es sind aufgrund der Zahlen der Vergangenheit die Anzahl der geplanten Verkaufszahlen in Portionen zu bestimmen. Danach muss für jedes Gericht anhand der Rezepturen der Wareneinsatz festgestellt und mit den aktuellen oder erwarteten Marktpreisen bewertet werden. In der Folge ist für jedes Gericht der Wareneinsatz mit der Anzahl der Portionen zu multiplizieren.

Verkaufsstatistik (Portfolio) im Monat.20..

Nr.	Name des Artikel	Geplanter Verkauf/ Portionen	Inklusiv- preise	IST-WE EINHEIT	Summe ST-WE
1	Filetspitzen Stroganoff	144	9,75	3,90	561,60
2	Lendenschnitten Clamart	114	9,75	3,95	450,30
3	T-Bone-Steak	107	12,50	4,10	438,70
4	Schweinekammsteak	134	9,00	2,40	321,60
5	Grillteller	254	9,25	2,45	622,30
6	Holzfällersteak	155	11,00	3,65	565,75
7	Husarenspieß	143	10,75	3,45	493,35
8	Pfeffersteak	137	12,00	4,10	561,70
9	Bauernschmaus	112	21,50	6,60	739,20
10	Entrecote double	103	22,00	6,20	638,60
11	Chateaubriand	108	27,00	8,50	918,00
12	Schweineschnitzel	208	5,50	1,45	301,60
13	Jägerschnitzel	212	6,70	1,80	381,60
14	Schweinelendchen	209	9,00	2,60	543,40
15	Schweinerückensteak	143	7,00	1,65	235,95
16	Paprikaschnitzel	164	6,25	1,60	262,40
17	Wiener Zwiebelrostbraten	164	9,00	2,65	434,60
18	Rumpsteak Mirabeau	116	9,00	2,85	330,60
	Summe				8801,25

In diesem Fall haben wir also einen Wareneinsatz von insgesamt 8.801,25 im Monat und 105.615,00 im Jahr. Es müssen allerdings noch saisonale Veränderungen in der Speisekarte berücksichtigt werden. Ähnliche Rechnungen lassen sich für alle anderen Speisen und Getränke im Restaurant durchführen.

Der Aufbau dieses Mengengerüstes mit den Schätzungen ist sehr aufwendig, aber auch sehr genau. Ein anderer Weg besteht darin, dass der Durchschnittsumsatz pro Gast, die durchschnittliche Wareneinsatzquote für Speisen und Getränke und die Auslastung bestimmt werden. Daraus lassen sich dann wieder die Kosten berechnen. Um die Vergleichbarkeit zu gewährleisten, wollen wir in der folgenden Rechnung nur die Speisenumsätze berücksichtigen.

Stuhlumsatzrechnung

Umsatzart Restaurant	Umsatz- tage/ Monat	Gäste- wechsel	Gäste- anzahl/ je Belegung	Ø- Umsatz Stuhl	Bereichs- umsatz
Sonn- und Feiertage					
mittags	5	2x	111	9,03	10023,30
abends	5	1x	85	12,04	5117,00
Werktage					
mittags	26	1x	22	7,56	4324,32
abends	26	1x	25	9,03	5869,50
				Gesamtumsatz	25334,12
			davon 34,75% WE pro Monat		8803,61

Diese Methode ist ungenauer, da sie unterstellt, dass die Wareneinsätze in der alten und neuen Periode gleich hoch sind.

Ein weiterer großer und wichtiger Kostenblock in gastronomischen Betrieben sind die Personalkosten. Wir gehen hier davon aus, dass die Eigentümerfamilie das Unternehmen leitet, aber bei den Personalkosten nicht eingerechnet wird, da sie aus dem Gewinn zu bezahlen ist. Grundsätzlich lässt sich sagen, dass mit der Höhe des Niveaus von Restaurant und Hotel auch die Personalkosten steigen. Ein höherer Standard im Dienstleistungsbereich muss über mehr und besser qualifiziertes Personal erkauft werden. Für einfachere Tätigkeiten sollte auf Hilfs- und Aushilfspersonal zurückgegriffen werden. Dabei können aus Kostengründen kurzfristig Beschäftigte eingesetzt werden. Wie viel Mitarbeiter konkret gebraucht werden lässt sich nicht allgemein beantworten. Bei Zimmermädchen und bei Restaurantfachleuten lassen sich Berechnungen durchführen. Andere Bereiche sind wegen fehlender Zeitstudien nicht exakt bestimmbar.

Für die Berechnung der Löhne und Gehälter kann der Tarifvertrag herangezogen werden. Da zu diesen Tarifen oftmals kein Personal zu bekommen ist, sind Aufschläge vorzunehmen. Diese Aufschläge richten sich nach örtlichen Gegebenheiten. Zur Berechnung des Arbeitgeberanteils zur Sozialversicherung sind die Sozialversicherungstabellen der Allgemeinen Ortskrankenkassen heranzuziehen. Für freie Kost und Logis sind die Sachbezugswerte zu berücksichtigen. Bei geringfügiger Beschäftigung sind die Höchstgrenzen der Einkommensteuer und der Sozialversicherung zu beachten. Die Beiträge zur Berufsgenossenschaft werden dem Vorjahr entnommen. Die Personalnebenkosten werden durch Erfahrungssätze berücksichtigt.

Berechnung der Personalkosten

Mitarbeiter		Lohn	Personalneben-kosten von 60%	Personalkosten gesamt
1	Oberkellner			
2	Demichef			
3	Angelernte in den ersten drei Jahren			
2	Auszubildende(II/3)			
Summe				

Setzen Sie für die Mitarbeiter im Restaurant die aktuellen Werte ein.

Die Lohnkosten werden über alle Bereiche gebildet und anschließend für jede Kostenstelle addiert.

Weitere Mengengerüste sind bei Werbe- und Energiekosten möglich. Alle anderen Kosten müssen aus den Vergangenheitswerten mit mehr oder weniger guten Informationen geschätzt werden. Aus Platzgründen soll hierauf verzichtet werden.

Ähnlich sieht die Leistungs- oder Erlösseite aus, für die ebenfalls aus dem Vorjahr die Kontenklasse 5 herangezogen wird:

Kontenklasse 4 - Erlöskonten

Ktn. Nr.	Kontenarten	Beträge
4000 00	Umsatzerlös	
40 00 10	Logis	153.000,00
40 0011	Garage	2.800,00
40 0012	Frühstück.	
40 00 13	Minibar	
40 00 14	Etagenservice	
40 00 15	Telefon	.
40 0020	Speiseumsätze	.
40 00 21	Hauptküche	303.988,44
40 00 22	Spezialitätenrestaurant.	
40 00 23	Grill.	
40 00 30	Getränkeumsatz	.
40 00 31	alkoholfreie Getränke	170.280,00
40 00 32	Biere	211.500,00

Ktn. Nr.	Kontenarten	Beträge
40 00 33	Weine	273.335,00
40 00 40	Sonstige Warenumsätze	
40 00 50	sonstige Umsatzerlöse	
40 00 56	Erlöse aus Geldspielautomaten	
40 00 57	Erlöse aus Mieten und Pachten	
40 00 58	Erlöse aus Nebengeschäfte	

Die Überprüfung der Zahlen kann über das obige Mengengerüst geplant werden. Bei der Verkaufsstatistik werden die Anzahl der verkauften Portionen mit den Nettoerlösen multipliziert. Im Falle der Stuhlumsatzrechnung ist der Nettoumsatz direkt ablesbar.

Die Erlöse im Beherbergungsbereich lassen sich wie folgt ermitteln:

Erlösrechnung für den Beherbergungsbereich

	Kategorien		
	EZ	DZ	Gesamt
Zahl der Zimmer	50	100	
ØGäste pro Zimmer	1	1,5	
Schrankpreise o.USt.	65,00	75,00	
Frühstück/Gast	7,50	7,50	
Ø erzielter IST-Erlös	45,00	52,50	

Auslastungen	Tage	Max. Kapazität	Zimmerauslastung	
			Zimmer	Prozent
Vorsaison	60			
Hauptsaison	190			
Nachsaison	115			
Summe	365			

> Berechnung der Erlöse:
> Ø Zimmererlös
> - Frühstück
> = Übernachtungserlös
> * Zimmerauslastung
> = Gesamterlös

Die Nebenerlöse sind wiederum zu schätzen. Diese Schätzung ist grundsätzlich vom Volumen her nicht von Bedeutung.

7.4 Kostenauflösung

Unter Kostenauflösung versteht man die Auflösung der Gesamtkosten einer Kostenart in ihre fixen und variablen Bestandteile. Diese Auflösung ist notwendig, damit in Abhängigkeit von der Auslastung die Kosten geplant werden können.

Einige variable Kosten lassen sich direkt aus der Kontenklasse 5 ablesen. Für die Küche sind beispielsweise der Wareneinsatz und der Energieaufwand (Arbeitspreis) direkt von der Auslastung abhängig.

Andere Kostenarten sind nicht oder nur zum Teil abhängig von der Auslastung, z.B. Festpacht, Instandhaltung u. ä.. Es müssen Verfahren gefunden werden, um die Kostenarten in variable und fixe zu trennen.

Als Verfahren der Kostenauflösung kommen in Frage:

- die grafische Methode
- die mathematische Methode.

Bei der grafischen Methode werden Kostenwerte in ein Streupunktdiagramm eingetragen. Die Ausgleichsgerade gibt den Trend der Kostenfunktion an. Durch den Schnittpunkt der Ausgleichsgeraden mit der Ordinatenachse sind die Fixkosten bestimmt.

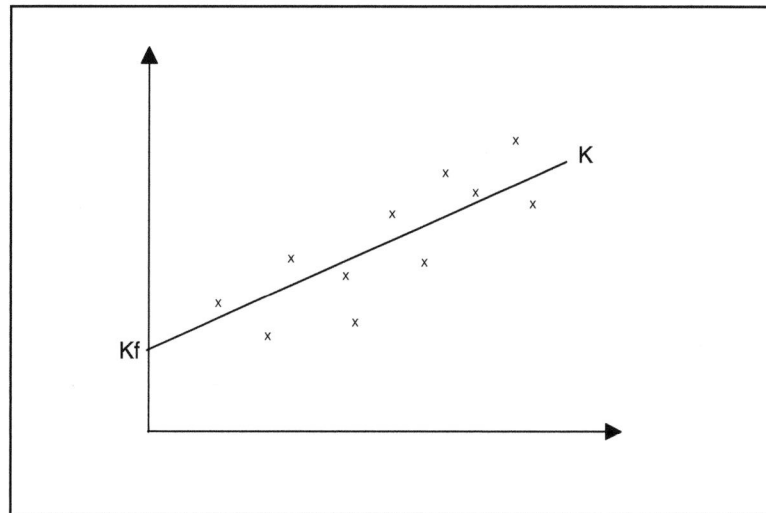

Wesentlich praktikabler ist die mathematische Methode (Differenzmethode). Es werden aus zwei Kostenwerten die Veränderungen abgelesen.

Folgendes Beispiel soll die Methode verdeutlichen:

Verwaltungskosten 01: 44.000,00   bei 17520 belegte n Zimmern
Verwaltungskosten 02: 46.200,00   bei 21900 belegte n Zimmern

Die variablen Kosten werden nun dadurch berechnet, dass die Veränderung der Kosten durch die Veränderung der belegten Zimmer dividiert wird.

$$\frac{\text{Differenzkosten}}{\text{Differenzmenge}} = \frac{K_2 - K_1}{x_2 - x_1} = \frac{46200 - 44000}{21900 - 17520} = 0,50 \text{ Euro}$$

Das bedeutet, dass jede Zimmerbelegung variable Verwaltungskosten von 0,50 verursacht. Nach dieser Berechnung lässt sich auch der Fixkostenanteil ableiten.

Gesamtkosten 02	46.200,00
- variable Kosten	
0,50 x 21900	10.950,00
Fixe Kosten	35.250,00

Achtung, unterschiedlich hohe Kosten können auch durch Preisänderungen hervorgerufen werden. Diese sind vor der Berechnung zu eliminieren.

Das mathematische Verfahren lässt sich in der Praxis gut durchführen, wenn zwei Kostenwerte einer Kostenart bei verschiedener Auslastung vorliegen. Normalerweise ist die Aussage nur in dem Kostenbereich richtig. Wenn jedoch mehrere unterschiedliche Situationen zugrunde gelegt werden, dann lässt sich die Aussage festigen.

Nach der Berechnung der variablen Kosten kann zur Vereinfachung ein Faktor berechnet werden, der das Verhältnis von proportionalen Kosten zu den Gesamtkosten zum Ausdruck bringt. Wir nennen diesen Faktor "Variator". Für unser Beispiel ergibt sich folgender Variator:

$$\text{Variator} = \frac{\text{variable Kosten}}{\text{Gesamtkosten}} = \frac{10950}{46200} = 0,24$$

Der Faktor gibt an, um wie viel Prozent sich die Sollkosten ändern, wenn die Beschäftigung um 10% variiert. Der Variator von 0,24 sagt also, dass bei einem Auslastungszuwachs um 10% die Kosten um 24% steigen. Das bedeutet für unser konkretes Beispiel, wenn die Auslastung auf 85% steigt, dann erhöhen sich die Kosten auf 57288,00 .

Berechnung:

$$\text{Gesamtkosten} = 46200 \cdot 1,24 = 57288,00 \text{ Euro}$$

Die Variatoren werden in der Praxis in einem Bereich von +/- 25% des Bezugsgrößenwertes als konstant angenommen. Bei sprungfixen Kosten ist er nur in den einzelnen Intervallen anwendbar.

7.5 Erstellung und Kontrolle des Budgets

Die berechneten Daten können als nächstes zu einem Budget zusammengestellt werden. Sie müssen erreichbar sein. Sonst nehmen die Mitarbeiter das Budget nicht ernst. Umgekehrt darf die Vorgabe auch nicht unterfordern. Ideal ist die Vorgabe dann, wenn sie nur durch äußerste Anstrengung erreicht werden kann. Ziel ist auch nicht eine Übererfüllung des Budgets (möglichst günstige Abweichung), da dies zur absichtlichen Schaffung von "Fettpolstern" führt.

Deshalb ist das Budget flexibel zu planen, d.h. es ist von einer erwarteten Planausnutzung auszugehen. Da die Zukunft niemals mit Sicherheit voraussehbar ist, ist das Budget an veränderte Situationen (z.B. Rückgang der Beschäftigung) anzupassen, evtl. sind alternative Budgets zu erstellen.

Das Budget sollte möglichst alle Kostenarten umfassen, die vom jeweiligen Abteilungsleiter (z.B. Küchenchef, Empfangschef) zu verantworten sind. Außerdem sollten sich die Kostenarten auf jeden abrechnungstechnisch gesondert erfassten Bereich (einzelne Kostenstellen, wie Küche, Restaurant, Beherbergung) beziehen. Es muss also für jede Hauptkostenstelle, die an der Leistungserstellung beteiligt ist, separat erstellt werden. Der Aufwand für die Planung muss allerdings auch in einem gesunden Verhältnis zum Nutzen stehen.

Ein gutes Budget sollte von "unten nach oben" unter Beteiligung aller Mitarbeiter aufgebaut werden. Das setzt eine entsprechende Information und Kommunikation voraus und bietet die Gewähr dafür, dass sich die Beteiligten mit dem Budget identifizieren und sich dafür verantwortlich fühlen.

Ein Budget könnte dann für den Foodbereich folgendes Aussehen haben:

Budget Food (Küche/Restaurant)

	Vorgabe	Ist	Abweichung	Kumulierung
Erlöse Küche	650 T			
Warenverbrauch allg.	195 T			
ohne Personalverpflegung	180 T			
Warenv. Obst und Süßwaren	10 T			
Verbrauch sonst. Waren	33 T			
Rohertrag	427 T			
Löhne und Gehälter	160 T			
Personalverpflegung	15 T			
sonstige Entgelte	20 T			
Soziale Aufwendungen	12,5 T			
Berufsgenossenschaft	12,4 T			
Div. Personalaufwendungen	21 T			
Personalkosten insgesamt	241 T			
Energiekosten allg.	45 T			
Küchenfeuerung	5 T			
Hilfs- und Betriebsstoffe	5 T			
Wäschereinigung	5 T			
Haushaltsartikel	16,5 T			
Aufwendungen Eis	5 T			
Gästeunterhaltung, Blumen	21 T			
Aufwendungen Garderobe	2,5 T			
Sonstige Aufwendungen	105 T			
Übertrag Rohertrag	427 T			
Übertrag Personalkosten	- 241 T			
Übertrag sonstige Aufwendungen.	- 105 T			
Plan-Bereichsergebnis Food	81 T			

Der Soll-Ist-Vergleich wird monatlich oder vierteljährlich durchgeführt und weist sowohl die reinen Monats-/Vierteljahrzahlen als auch die kumulierten Zahlen für den Zeitraum mit Abweichungen in und Prozent aus. Er wird erst ellt für das Gesamtunternehmen mit allen Kostenarten und für jede Kostenstelle mit den von ihr beeinflussbaren Kostenarten. Die Sollkosten (Plankosten) eines Abrechnungszeitraumes (Monat/Vierteljahr) werden aus dem Jahresbudget zeitanteilig ermittelt und bei Beschäftigungsschwankungen mit Hilfe von Variatoren an die Ist-Auslastung angepasst.

7.6 Abweichungsanalyse

Zwischen Plankosten und Ist-Kosten können Kostenabweichungen auftreten. Diese müssen in einer Abweichungsanalyse aufgedeckt werden. Ziel ist dabei, Ursachen und Verantwortlichkeiten zu ermitteln.

Kostenabweichungen werden verursacht

- durch Differenzen zwischen Planpreisen und Einstandspreisen (= Preisabweichung) z.B. Preiserhöhungen für Fleisch oder Gemüse
- durch Differenzen zwischen Planmenge und Istmenge (Mengenabweichungen), z.B. erhöhter Wareneinsatz in der Küche

Preisabweichungen hat der verantwortliche Kostenstellenleiter grundsätzlich nicht zu verantworten. Diese Abweichungen werden deshalb häufig durch eine einheitliche Bewertung der Planmengen und Istmengen mit Planpreisen ausgeschaltet.

Verbrauchsabweichungen sind auf verschiedene Gründe zurückzuführen. Verbrauchsschwankungen können durch mengenmäßige Nichtbeachtung von Rezepturen oder durch eine andere Zusammensetzung des Portfolio, d.h. entgegen der Planung, wählen die Gäste statt der Gerichte mit niedrigem Wareneinsatz, z.B. Käsespätzle, Gerichte mit hohem Wareneinsatz, z.B. Filetsteak. Weitere Ursachen können in Qualität der einkauften Waren, Materialverschwendung, Diebstahl, Unterschlagung, höheren Ausschussquoten, Materialbeschädigungen usw. liegen.

Die Daten müssen nach der Analyse sorgfältig interpretiert werden, weil besondere Umstände dem verantwortlichen Abteilungsleiter nicht angelastet werden können. Die Motivation der Verantwortlichen kann bei beeinflussbaren Kostenabweichungen durch Prämienzahlungen gefördert werden.

8 The Uniform System of Accounts for the Lodging Industry

8.1 Grundlagen

Uniform System of Accounts for the Lodging Industry, kurz USALI, macht Kennzahlen in regionaler, zeitlicher und betrieblicher Hinsicht vergleichbar. Es ist eine Profitcenter-Rechnung und spiegelt den Abteilungserfolg der operativen und nicht operativen Abteilungen (Gemeinkosten) eines Hotels wider.

In Hotelkonzernen und -ketten längst Standard, werden Sach- und Personalkosten den „verursachenden" Abteilungen zugeordnet und den erzielten Abteilungsumsätzen gegenübergestellt. Hieraus ergibt sich das jeweilige Abteilungsergebnis (Departmental Income).

Es gibt in der Regel drei Hauptbereiche in den operativen Abteilungen: Beherbergung, Gastronomie und Sonstige Abteilungen. Die jeweiligen Ergebnisse dieser Abteilungen bilden den Rohertrag. Von diesem werden die Gemeinkosten (jeweils aufgegliedert in Personal- und Sachkosten) in Abzug gebracht der nicht operativen Abteilungen (Verwaltung, Verkauf und Marketing, Energie und Technik) und als Ergebnis ergibt sich das Betriebsergebnis 1 (Gross Operating Profit / G.O.P.). Nach Betriebsergebnis 1 finden sich Kosten wie Miete, Pacht, Leasing, AFA, Zinsen, Gebäude- und Liegenschaftskosten (z.B. Versicherungen und Instandhaltungsrücklagen), welche nach Abzug vom B 1 das Nettobetriebsergebnis (Net Operating Profit / N.O.P) ergeben.

Der von der DATEV für die Hotellerie entwickelte Sonder-Konten-Rahmen SKR04 eignet sich zwar zum Benchmarking mit dem BBG Betriebsvergleich – selten aber mit den Benchmark Werten der Kettenhotellerie, die mit USALI arbeiten oder anderen Betriebsvergleichen der Branche. Zur Messung des betrieblichen Erfolges und des Erfolges einzelner Abteilungen eignet sich der SKR04 gar nicht und ist als Steuerungsinstrument kaum brauchbar. Zwar werden Umsätze differenziert, die Kosten jedoch nicht den Abteilungen (Verursachern) zugeordnet. Weiterer Unterschied zum USALI ist, dass die laufende Instandhaltung im SKR 70 nach Betriebsergebnis 1 gebucht wird.

Leider nutzen das höchst wirkungsvolle Instrument der Abrechnung und Darstellung nach USALI überwiegend Konzernhotels, denn das Wissen um die Vorteile hat sich in der privat geführten Hotellerie leider noch nicht durchgesetzt. Ziel des ersten USALI war es, einen einheitlichen Kontenrahmen für Hotelbetriebe zu schaffen, um auf Basis identisch ermittelter Kennzahlen die Basis für ein wirkungsvolles Benchmarking zu schaffen. Der Kern von USALI ist es, jeden Hotelbetrieb über verschiedene Profitcenter auszuwerten. Dem Profitcenter "Logis" werden beispielsweise die Kosten für Housekeeping, Empfang, Wäsche etc. ebenso, wie der komplette Logisumsatz zugeordnet. Die sich ergebende Kennzahl "Abteilungsergebnis Logis" kann mit anderen Betrieben, aber auch dem eigenen Vorjahr oder geplanten Ergebnis (Budget) verglichen werden, um so Optimierungspotenziale schnell zu erkennen und Entwicklungen zu steuern. Voraussetzung sind tagesgenaue Betriebsabrechnungen, eine genaue Erfassung von Kosten und Erlösen sowie eine monatliche Abgrenzung und Ergebnisrechnung.

Wenn die RHC Real Hotel Controlling einen Betrieb unterstützt, um die Buchhaltung effizienter zu gestalten oder die betriebswirtschaftliche Transparenz zu optimieren, setzt

sie auf angepasste und tausendfach in der Praxis bewährte Uniform System Of Accounts for the Lodging Industry Kontenrahmen.
Quelle: http://www.rhc.de/uniform_system_of_accounts_usali.aspx

8.2 Formular für die Gesamtbereichsrechnung

Formular für die Gesamtbereichsrechnung

	Abrechnungsformular	Nettoumsatz in €	Warenkosten in €	Direkte Personalkosten in €	Direkte sonstige Kosten in €	Bereichsergebnis in €
Umsatzbereiche						
(Profit Centers)						
Beherbergung	1					
Speisen und Getränke	2					
Telefon	3					
Geschenkladen	4					
Garage und Parkplatz	5					
Sonstige Umsatzbereiche	6					
Insgesamt						
Nicht zurechenbare						
betriebl. Aufwendungen						
(Service Centers)						
Verwaltung	7					
Datenverarbeitung	8					
Personalwesen	9					
Transportwesen	10					
Marketing	11					
Technische Abteilung	12					
Energie	13					
Insgesamt						
Betriebsergebnis 1						
Managementgebühren	14					
Mietaufwendungen	14					
Vermögenssteuern und Versicherungen	14					
Zinsaufwendungen	14					
Abschreibungen	14					
Betriebsergebnis 2						
Gewinn und Verluste aus Anlageverkäufen	14					
Steuern auf Einkommen und Ertrag	15					
Jahresüberschuß						

8.3 Formular für die technische Abteilung
Formular für die technische Abteilung

31.12.20..	€
Personalkosten	
Löhne und Gehälter	
zusätzliche lohnabhängige Kosten	
Insgesamt	
Sonstige Kostenstellenkosten	
Baumaterialien, Baustoffe	
Elektrische und maschinelle Anlagen	
Hilfs- und Betriebsstoffe	
Möbel, Einbauten, Ausstattung und Dekor	
Pflege der Gärten und Parkanlagen	
Büromaterial	
Abfallbeseitigung	
Pool	
Uniformen	
Sonstiges	
Insgesamt	
Gesamtkosten	

8.4 Umsatzbereich Beherbergung - Abrechnungsformular
Abrechnungsformular 1

31.12.20..	€
Beherbergungsumsätze	
Kurzzeitgäste - Einzelreisende	
Kurzzeitgäste - Gruppenreisende	
Dauergäste	
Sonstige Gäste	
Insgesamt	
- Abzüge	
Nettoumsatz	
Direkte Kosten	
Löhne und Gehälter	
zusätzliche lohnabhängige Kosten	
Insgesamt	
Sonstige direkte Kosten	
Provisionen	
Fremdreinigungskosten	
Transportkosten	
Wäschekosten	
Hilfs- und Betriebsstoffkosten	
Reservierungskosten	
Kosten für Uniformen	
Sonstige Kosten	
Insgesamt	

8.5 Umsatzbereich Speisen und Getränke - Abrechnungsformular 2

Umsatzbereich Speisen und Getränke

Abrechnungsformular 2

	Laufende Abrechnungsperiode		
	Speisen	Getränke	Insgesamt
	€	€	€
Speisen- und Getränkeumsatz			
./. Abzüge			
Nettoumsatz			
Warenkosten			
Nicht bereinigte Warenkosten			
./. Personalverpflegung			
Bereinigte Warenkosten			
Sonstige Umsätze			
Umsätze aus der Vermietung von Konferenzzimmern			
Eintrittsgelder			
Bankettumsätze			
Sonstige Umsätze			
./. Sonstige Warenkosten			
Sonstige Umsätze netto			
Bruttoergebnis (Nettoumsatz - Bereinigte Warenkosten + Sonstige Umsätze netto)			
Direkte Kosten			
Löhne und Gehälter			
Zusätzliche lohnabhängige Kosten			
Insgesamt			
Sonstige direkte Kosten			
Porzellan, Glas, Silber und Wäsche			
Fremdreinigungskosten			
Brennstoffe für die Küche			
Wäschekosten und Kosten für die chemische Reinigung			
Lizenzen			
Musik und Unterhaltung			
Hilfs- und Betriebsstoffkosten			
Uniformen			
Sonstige Kosten			
Insgesamt			
Bereichsergebnis (Bruttoergebnis - Direkte Kosten - Sonstige direkte Kosten)			

8.6 Zahlenbeispiel Umsatzbereich Speisen und Getränke

Umsatzbereich Speisen und Getränke - Zahlenbeispiel

Abrechnungsformular 2

	Laufende Abrechnungsperiode		
	Speisen	Getränke	Insgesamt
	€	€	€
Speisen- und Getränkeumsatz	800.000,00	300.000,00	1.100.000,00
./. Abzüge			
Nettoumsatz	800.000,00	300.000,00	1.100.000,00
Warenkosten			
Nicht bereinigte Warenkosten	298.000,00	76.000,00	374.000,00
./. Personalverpflegung	4.000,00	0,00	4.000,00
Bereinigte Warenkosten	294.000,00	76.000,00	370.000,00
Sonstige Umsätze			
Umsätze aus der Vermietung von Konferenzzimmern	0,00	0,00	0,00
Eintrittsgelder	0,00	6.000,00	6.000,00
Bankettumsätze	0,00	0,00	0,00
Sonstige Umsätze	3.000,00	0,00	3.000,00
./. Sonstige Warenkosten	1.100,00	0,00	1.100,00
Sonstige Umsätze netto	1.900,00	6.000,00	7.900,00
Bruttoergebnis (Nettoumsatz - Bereinigte Warenkosten + Sonstige Umsätze netto)	507.900,00	230.000,00	737.900,00
Direkte Kosten			
Löhne und Gehälter	220.000,00	120.000,00	340.000,00
Zusätzliche lohnabhängige Kosten	38.000,00	22.000,00	60.000,00
Insgesamt	258.000,00	142.000,00	400.000,00
Sonstige direkte Kosten			
Porzellan, Glas, Silber und Wäsche			8.000,00
Fremdreinigungskosten			8.000,00
Brennstoffe für die Küche			4.000,00
Wäschekosten und Kosten für die chemische Reinigung			7.000,00
Lizenzen			2.000,00
Musik und Unterhaltung			10.000,00
Hilfs- und Betriebsstoffkosten			0,00
Uniformen			2.000,00
Sonstige Kosten			0,00
Insgesamt			41.000,00
Bereichsergebnis (Bruttoergebnis - Direkte Kosten - Sonstige direkte Kosten)			296.900,00